AMÉLIE CREMER & CARINA VON BÜLOW

DAS HOCHZEITS BUCH

Alles, was Sie wissen sollten

teNeues

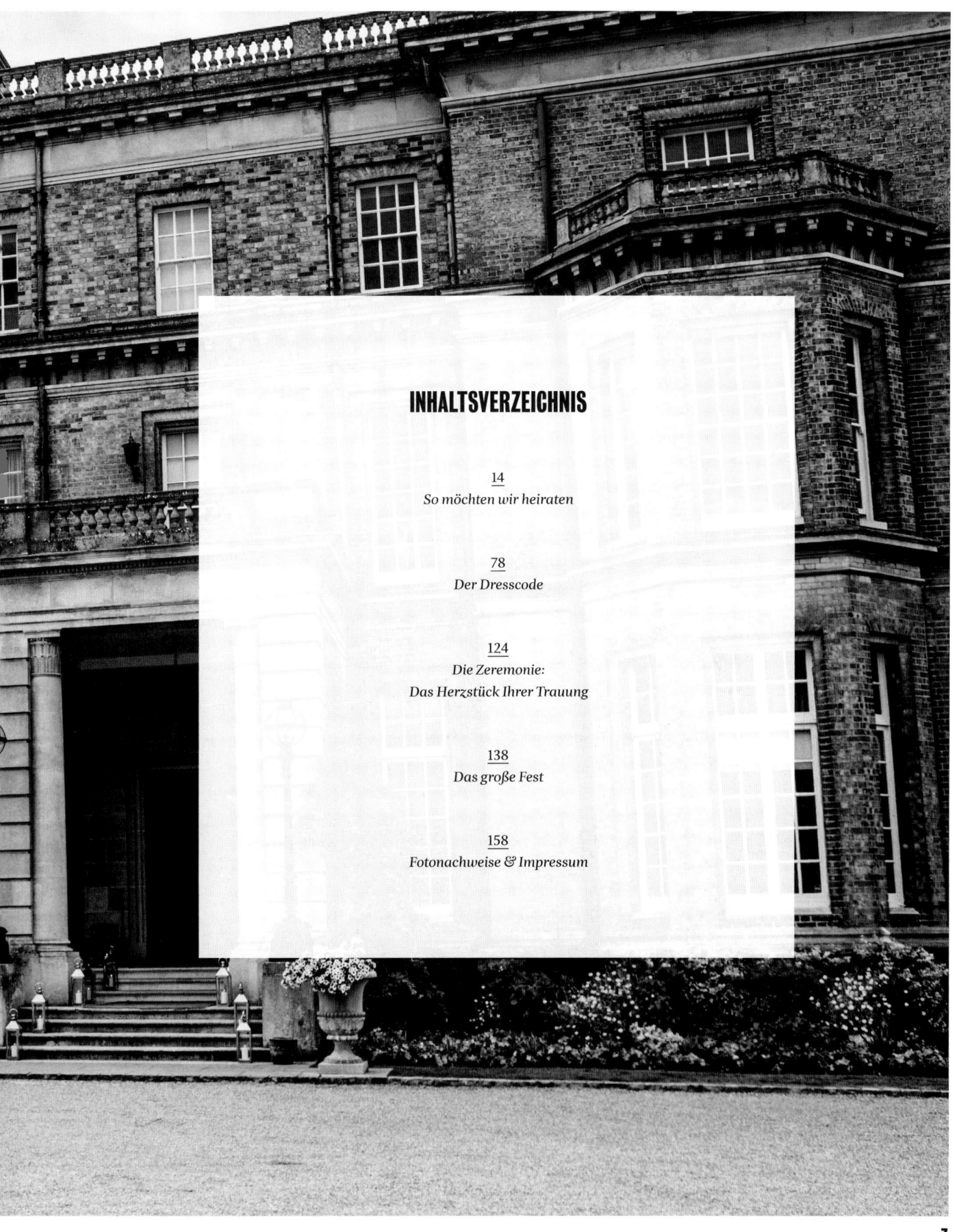

INHALTSVERZEICHNIS

VORWORT

Die Möglichkeit, dieses Buch zu veröffentlichen, war zugleich ein lang gehegter Traum und kam doch so überraschend und unerwartet wie ein Heiratsantrag. Als Schwestern und beste Freundinnen haben wir schon immer viel und gern an gemeinsamen Ideen und Projekten gearbeitet und versucht, bunte, fröhliche und besondere Vorhaben umzusetzen. Wir hatten schon einige Erfahrungen im Organisieren und Mitgestalten von Hochzeiten gesammelt, aber erst durch die Planung der eigenen Hochzeit sind wir komplett in diesem wunderbaren Thema aufgegangen. Die unermessliche Vielfalt, die sich um das besondere Fest rankt, all die Mythen, die Geschichten und die Bräuche lieferten uns die schönsten Ideen für verschiedenste Arten des Heiratens. Die größte und schönste Inspiration ist natürlich die Liebe selbst und das Streben danach, die Besonderheiten zweier Menschen in den Feierlichkeiten widerzuspiegeln und greifbar zu machen.

Dieses Buch ist für diejenigen bestimmt, die von einer Hochzeit träumen. Egal, ob sie in naher Zukunft oder erst einmal nur in der eigenen Fantasie stattfindet. Ganz gleich, wo, wann, wie und wen Sie heiraten, wie jung oder reif Sie sind, woher Sie stammen oder wohin Sie wollen: Am Ende sollen Sie Ihre denkbar schönste Hochzeit feiern. Die Zeit des Planens und der Vorbereitung ist eine besondere Zeit – besonders schön, besonders aufregend und besonders kostbar, denn es ist der Beginn Ihres Festes. Die Vorbereitung ist der Weg in Ihren gemeinsamen Lebensabschnitt und eine herrliche Möglichkeit, unvergessliche Stunden miteinander zu verbringen.

Das Wort Hochzeitsstress und jegliche für Frust sorgende Aktionen werden Sie in unserem Buch nicht finden. Vielmehr ist es unser Wunsch, Ihnen durch brauchbare und erprobte Ratschläge einiges zu erleichtern und Sie bei Ihrer Reise zum Jawort ein Stück zu begleiten. Dieses Buch soll allen Paaren dabei helfen, die Vorbereitungszeit mit all ihren Sinnen genießen und auskosten zu können. Hier finden Sie Ideen, können sich inspirieren lassen und überlegen, ob der Do-it-yourself-Trend etwas für Sie sein könnte. Verlieben Sie sich jeden Tag in all die Möglichkeiten und freuen Sie sich auf Ihr neues Leben, welches nun beginnt. Hand in Hand, ohne Stress und mit dem besten Fest der Welt als Höhepunkt Ihrer Liebe.

Verwirklichen Sie sich selbst, packen Sie es an
und heiraten Sie die Liebe Ihres Lebens!

Ihre Amélie Cremer und Carina von Bülow

„Willst du mich heiraten?" Diese magischen Worte verändern Ihr Leben für immer!

Unsere Welt ist ein wundervoller Ort mit einem unermesslichen Fundus an Sitten, Brauchtümern, an Aberglauben und Traditionen und den verschiedensten Menschen mit den unterschiedlichsten Charakteren und Hintergründen, Wünschen und Fantasien. Doch ganz gleich, in welches Land oder welchen Kulturkreis, in welche Gesellschaftsschicht oder Epoche man auch blickt, für die meisten Liebenden auf dieser Erde ist die Hochzeit das wichtigste Fest in ihrem Leben. Zugegeben, vielleicht fällt die Meinung der Damen hier ein wenig mehr ins Gewicht, doch das möchten wir unseren Männern gerne verzeihen. Ist die Frage aller Fragen erst einmal gestellt, dreht sich auch für den zukünftigen Gatten alles um das große Ereignis, ob er möchte oder nicht.

Hochzeit.
Woher stammt der Name
dieses großen Ereignisses?

Der christliche Ehebund taucht bereits in der Bibel zum ersten Mal auf und beschreibt die ewige Verbindung von Mann und Frau vor Gott.

Der viel gebräuchlichere Begriff „Hochzeit" ist aus dem Mittelalter überliefert. Das mittelhochdeutsche Wort „hôchzît" bezeichnete eine „festliche, hohe Zeit". Ursprünglich bezog sich dies allerdings auf alle hohen christlichen Feste, besonders die vier Jahresfeste Ostern, Pfingsten, Allerheiligen und Weihnachten. Mit der Zeit reduzierte sich die Bedeutung auf das Fest der „Eheschließung".

Die „Heirat" wiederum ist teilweise vom germanischen Wort „hiwa" abgeleitet, welches Hausstand oder Hausgemeinschaft bedeutet. Der Begriff „Ehe" entstammt dem mittelhochdeutschen „ewe" oder „ewa", was als „Gesetz" übersetzt werden kann und auf die rechtlich wirksame Bindung zweier Menschen verweist.

Eine eindeutige Wurzel oder Ursprungsgeschichte lässt sich heute etymologisch nicht mehr herleiten, aber viele Wege führen nach Rom oder eben in den Hafen der Ehe – und so steht am Ende der unterschiedlichen Wortbedeutungen bis heute immer noch eines im Mittelpunkt: die Liebe zweier Menschen zueinander und die Entscheidung, ein gemeinsames Leben zu führen und alle zukünftigen Wege gemeinsam meistern zu wollen, an guten wie an schlechten Tagen. Ein schönerer und freudigerer Anlass, ein Fest zu feiern, lässt sich wohl kaum finden – in diesem Sinne: *Let's get married!*

Hochzeitsstress?
Dieses Wort existiert (bei uns) nicht.

Natürlich, es gibt sehr viel zu tun, zu bedenken, zu planen und auszusuchen, aber genau das ist der Anfang Ihrer Hochzeit und ein herrliches Gefühl, ein Luxus. Genießen Sie diese Zeit voller Vorfreude und Aufregung. Die Hochzeit soll für alle Beteiligten und vor allem für Sie als Brautpaar der schönste und unvergesslichste Tag werden, sein und bleiben. Glauben Sie uns, der eigentliche Hochzeitstag wird viel zu schnell an Ihnen vorbeiziehen. Umso wichtiger, dass Sie auch im Vorfeld die Wochen der Vorbereitung und Planung voll auskosten und bewusst erleben. Noch viele Jahre später werden Sie sich dann an die großen, aber auch an die vielen kleinen Momente erinnern und hoffentlich ein Lächeln auf den Lippen haben. Damit das garantiert klappt, nehmen Sie sich vor allem eines: Zeit. Gehen Sie fröhlich und ganz gelassen an den Berg der zu erledigenden Aufgaben heran. Sie können bei der Vorbereitung eigentlich nichts falsch machen. Setzen Sie sich nicht unnötig unter Druck und schrauben Sie die Erwartungen nicht höher, als Sie es sich finanziell sowie zeitlich leisten können. Die Freude und das Glück, einander gefunden zu haben, sind die einzigen Grundvoraussetzungen für ein tolles Fest, alles andere fügt sich nach und nach ganz von selbst. Die beste Unterstützung dazu bekommen Sie auf diesen Seiten.

Alles kann, nichts muss!
Wer heiratet, darf sich alles wünschen.

Hochzeitsfeste sind heute so individuell wie die Brautpaare, die sie ausrichten – und gerade das ist das Schöne daran. Es ist Ihr Tag und Ihr Fest. Dies dürfen und wollen Ihre Gäste sehen und spüren. Je authentischer Ihr Festrahmen und dessen Gestaltung und je mehr Sie sich als Brautpaar in diesem Tag wiederfinden, desto wohler werden Sie sich fühlen. Erinnern wird man sich nicht an das opulenteste Fest aller Zeiten oder das aufwändigste Dessertbuffet, das die Welt je gesehen hat. Viel bleibender sind die Erinnerungen an eine Feier, welche zu Ihnen und Ihrem Stil gepasst hat.

Machen Sie sich rechtzeitig erste Gedanken. Sie haben „Ja" gesagt, Sie wollen beide. Bei einem Gläschen Wein besprechen Sie in aller Ruhe folgende Fragen. Und ein kleiner Tipp an die angehende Braut: Auch seine Meinung ist hier gefragt und soll gehört werden. Selbst wenn die Botschaft noch so versteckt zwischen den Zeilen verborgen ist, hören Sie genau hin (wie auch später in der Ehe) – dieser Tag soll Ihnen beiden Freude bereiten. „Meinst du nicht, ein lachsfarbener Smoking würde mir stehen?", bedeutet ja nicht gleich, dass der geliebte Partner diesen tatsächlich tragen möchte. Hoffentlich.

JA, WIR WOLLEN!
Heiraten soll vor allem eines:
Spaß machen

KAPITEL 1

SO MÖCHTEN WIR HEIRATEN

So und nicht anders!
Jedes Brautpaar hat seine
ganz persönliche Vorstellung
davon, wie der perfekte Tag
auszusehen hat.
Lassen Sie sich inspirieren ...

Wie hoch ist unser Budgetrahmen, was wollen und können wir uns leisten? Achtung, so akribisch Sie auch planen, an der einen oder anderen Stelle werden Sie sicherlich Zusatz-ausgaben haben. Kalkulieren Sie diese von Anfang an mit ein, damit es am Ende keine traurigen Gesichter gibt, wenn Sie auf das Dessert verzichten müssen oder barfuß vor dem Altar stehen.

CHAMPAGNER ODER DEKO:
Überlegen Sie, für was
Ihr Budget reichen muss

Wann und wo wollen Sie heiraten? Und zwar in dieser Kombination. Côte d'Azur am Strand funktioniert am besten im Sommer, verschneite Berglandschaft besser im Winter. Bedenken Sie hier auch schon grob den Gästerahmen, An- und Abreise und die Umgebung vor Ort. (Mehr hierzu ab Seite 26.)

Wie möchten Sie heiraten? Kirchlich, standes-amtlich oder ganz anders? Wie wichtig sind dieser Punkt sowie eventuelle Traditionen für Ihre Familie?

Wer soll Sie bei der Planung unterstützen und welche Freiheiten wollen Sie diesen Personen gewähren? Überraschungen beim Hochzeitsfest sind eine schöne Sache, wenn sich das Brautpaar auch darüber freut. Allerdings will nicht jede Braut eine Foto-präsentation der ehemaligen Freundinnen des Mannes sehen, und manche Schwiegermutter findet alte Partyfotos der neuen Tochter eher unpassend.

Nachdem Sie diese Punkte gemeinsam entschieden haben, sollten Sie eine gute Basis haben, um in die detaillierte Planung einzusteigen. Ein gutes Anzeichen dafür, ob Sie auf dem richtigen Wege sind, ist und bleibt immer die Vorfreude auf den großen Tag. Stellen Sie sich vor, wie sie mit Ihren Freunden und Ihrer Familie an diesem Tag feiern – zaubert der Gedanken ein Lächeln in ihr Gesicht? Sehr gut, dann kann es weitergehen …

WAS IST UNS
AN UNSERER HOCHZEIT
BESONDERS WICHTIG?

*Entscheiden Sie gemeinsam und
geben Sie dann diese Entscheidungen an
Ihre Familie, Freunde und Trauzeugen weiter.
Das erleichtert allen die Planung und es ist
ein erster wichtiger Schritt auf dem Weg
zu dem Fest, das Sie sich wünschen:*

Ein rauschendes Fest
und Partystimmung
bis zum Morgengrauen

Festlichkeit und Tradition

Speisen und Getränke

Möglichst alle Freunde, Familie
und Bekannte dabeizuhaben

Im In- oder Ausland

Hauptsache einfach
und unkompliziert

Intim und im engsten Kreise

Better safe than sorry, oder:
Gut geplant ist halb erledigt.

Sind die groben Eckpfeiler einmal gesteckt, schadet es nicht, das Projekt Hochzeit einmal aus der Rolle des Projektmanagers zu betrachten. Alle Arbeit, die man hier am Anfang investiert, ist am Ende gut gespart und erleichtert einem das Leben sehr. Sie müssen ja nicht gleich mit Excel oder PowerPoint beginnen, aber eine gemeinsam erstellte Liste der verschiedenen Aufgaben und Termine sollte für jedes Paar zu schaffen sein und ist ganz nebenbei eine wunderbare Einstimmung auf Ihr gemeinsames Fest.

Wenn Sie es sich etwas einfacher machen wollen, dürfen Sie uns auch hier gerne um Hilfe bitten. Orientieren Sie sich einfach grob an den Themen und Kapiteln der nächsten Seiten. Lassen Sie sich von den ausgewählten Bildern und Ideen inspirieren. Wählen Sie, was Ihnen am besten gefällt und zu Ihnen passt. Jeder Baustein wird zu einem To-do auf Ihrer Liste, das Sie um ein Fälligkeitsdatum und den Namen eines Verantwortlichen ergänzen. Et voilà, schon haben Sie Ihren persönlichen Hochzeitsplan, so einfach kann es sein.

Scheuen Sie sich nicht, um Hilfe zu bitten. In der Regel freuen sich Mütter, angehende Schwiegermütter, Schwestern, Schwägerinnen und Freunde mindestens ebenso auf Ihr Fest wie Sie selbst und unterstützen Sie liebend gern.

Achtung: Äußern Sie bestenfalls von Beginn an unmissverständlich die Dinge, die Sie möchten und vor allem nicht möchten. Helfer freuen sich immer sehr über lobende und dankende Worte. Diese gehen einem leichter über die Lippen, wenn die Freude dahinter echt ist.

BRAUT UND BRÄUTIGAM SIND KLAR, ABER WEN BENÖTIGT MAN NOCH?

Damit Sie am großen Tag nicht ganz alleine vor dem Altar stehen und Sie es im Vorfeld etwas leichter haben mit der Aufgabenverteilung, hier eine kurze Übersicht der Titel, die Sie an Familie und Freunde vergeben können, und was Sie im Gegenzug zu erwarten haben:

Mutter und Schwiegermutter:
zwar nicht frei wählbar, aber dafür je nach Talent
und Begabung als Unterstützungs-Joker frei einsetzbar.

Vater und Schwiegervater:
ebenfalls festgelegt. Sie dürfen die Braut zum Altar führen,
Reden halten und beim Fest großzügig Trinkgeld an alle Helfer verteilen.

Geschwister und Familie:
können je nach Anzahl, Talent und Bereitschaft für alle höheren
und einfachen Dienste verpflichtet werden. Sie sind immerhin
die sogenannte „nahe Verwandtschaft" – von musikalischer Untermalung
bis zur Platzanweisung ist hier alles erlaubt.

Trauzeugen:
Geeignet ist jeder, der Ihr Vertrauen genießt. Die klassischen Aufgaben
neben der Unterschrift am Standesamt und/oder bei der Zeremonie sind
die Ausrichtung von Junggesellenabschied/Polterabend und
die kontinuierliche Unterstützung bis zum Sonnenaufgang am Tag
nach der Hochzeit. Bei Ihren Trauzeugen dürfen und sollten Sie wirklich alles
parken, was Ihnen Sorgen bereitet. Vom zu engen Mermaid-Rock und
den viel zu hohen Schuhen bis hin zur verheulten Schwiegermutter,
die die Hand ihres Kindes nicht mehr loslassen möchte.

Ringträger:
Süße Nichten, freche Patenkinder, niedliche Haustiere – wer in der Lage ist,
die Ringe durch den Kirchengang nach vorne zu tragen, der darf diese Aufgabe
auch übernehmen. Hier ist es erlaubt, nach Fotogenität zu entscheiden.

Blumenkinder:
alle Kinder aus dem Freundes- und Bekanntenkreis, die alt genug sind,
den Weg vor dem Hochzeitspaar blumenstreuend zu bewältigen.
Ein älteres Kind, das kleinere im Notfall anleitet, trägt garantiert zum
Gelingen bei. Auch der Trick, Süßigkeiten unter dem Streugut zu platzieren,
motiviert die Kinder sehr bei der Erledigung ihrer wichtigen Aufgabe.

Professionelle Unterstützung:
Wollen Sie es sich wirklich gemütlich machen, dann engagieren Sie einen
Wedding Planner. Diese sind heute eigentlich an jedem Ort und für jedes
Budget verfügbar. Von Teilaufgaben bis hin zu einem Rundum-sorglos-Paket
ist jede Art der Unterstützung möglich. Doch auch Hochzeitsplaner sollten
detailliert und genau über Ihre Wünsche Bescheid wissen. Zu viel Rosa und
tuffige Kissen, winzige Snacks anstelle der gewollten Grillstation, Eisskulptur
statt Schokobrunnen – alles gut gemeint, aber eventuell nicht richtig für Sie.
Also geben Sie nie alles gänzlich aus der Hand.

AN ALLES GEDACHT?
Zu viel Vorbereitung gibt es nicht

FAMILY

Von der Schwiegermutter bis zur Nichte: Es finden sich perfekte Aufgaben für Groß und Klein.

1

3

2

4

1 MÜTTER & GROSSMÜTTER:
Die Hochzeit verbindet Generationen

2 NICHTEN & NEFFEN:
Kinder machen Ihr Fest richtig lebendig

3 VIERBEINER ERLAUBT:
Wer zur Familie gehört, bestimmen Sie

4 SCHWESTERN & COUSINEN:
können an Ihrem Tag schon mal für das eigene Fest üben

FRIENDS

Brautjungfern und Trauzeugen:
Für die besten Freunde ist der große Tag ebenso bedeutungsvoll wie für das Brautpaar.

1 DIE TRAUZEUGIN: wird Sie den ganzen Tag über unterstützen **2 KLEINE PRÄSENTE:** sorgen oft für große Freude **3 FREUNDINNEN:** unterstützen beim Lachen und Weinen ... **4** ... und sorgen für Ihr leibliches Wohl **5 MÄNNERRUNDE:** Auch beim Bräutigam soll es an Unterstützung nicht fehlen

Wann, wo, wie und mit wem wollen wir heiraten?

Achtung, jetzt wird es ernst. Hier kommen die vier wichtigsten Fragen rund um Ihre Hochzeit und wenn Sie so wollen, die Eckpfeiler für den festlichen Aufbau. Der Haken an der Sache ist, dass hier nun alles mit allem zusammenhängt: Location mit Zeit und Verfügbarkeit, Platz mit der Gästezahl, Unterkünften und Anbindung und, und, und.

Gestalten Sie alles nach Ihrer Fasson. Viele Paare haben bereits von Anfang an eine Lieblings-Location, weil sie aus persönlichen Gründen mit einem bestimmten Ort besonders verbunden sind oder aber sich schlicht in eine Location verliebt haben. Andere bevorzugen ein ganz spezielles Datum (beispielsweise den Geburtstag des Kindes oder andere emotional behaftete Tage, Lieblingszahlen etc.). Für wieder andere ist es wichtig, dass der Ort über

TIPPS ZUR GÄSTELISTE

*Spätestens in dem Moment, wenn Sie
Ihre Trauzeugen bestimmt haben und
Ihre Save-the-Date-Karten verschicken möchten,
werden Sie eine möglichst ausführliche Gästeliste
brauchen. Hier lohnt sich tatsächlich der Griff
in die Excel-Schublade. Je ausführlicher Sie
die Liste gestalten, desto besser für alle, die später
darauf zurückgreifen werden.
Hier ein Vorschlag zur Umsetzung:*

*Legen Sie Reiter oder Kategorien an:
Freunde, Familie, Kollegen, Sportverein
und was Ihnen noch einfällt.*

*Notieren Sie Name, Postanschrift,
E-Mail-Adresse und wenn möglich
Telefonnummern.*

Kennzeichnen Sie Paare, Familien und Kinder.

*Legen Sie Spalten für Zusagen und Absagen an,
im besten Fall auch gleich fürs Catering
(Kinder, Vegetarier, Veganer, Allergiker).*

400 Gäste fasst oder auch mit nur zehn Personen festlich wirkt. Ganz egal, was hier wichtig ist: Sie entscheiden für sich nach Wichtigkeit abstufend für jede Ihrer Prioritäten und Punkte. Auf den nächsten Seiten finden Sie Inspiration, unterstützende Organisationshinweise und Vorschläge zu unterschiedlichsten Orten, an denen sich wunderbar heiraten lässt, ob in großer oder kleiner Runde.

VORBEREITUNGEN

Bleiben Sie mit der Location im Budget?
Das schönste Schloss macht nur halb so viel Spaß
mit Wasser und Brot zum Hochzeitsdinner.

Passen Location und Termin?
Karibik in der Regenzeit ist sicherlich preiswerter,
aber ob es Ihnen Ihre Gäste danken werden?

Ist Termin und Location für alle umsetzbar,
die an Ihrem großen Tag nicht fehlen dürfen?
Manchmal kann eine weit entfernte Hochzeit oder ein Fest
in den Schulferien aus taktischen Gründen gewollt sein,
dennoch bedenken Sie Termine und Mobilität ihrer Liebsten,
bestenfalls noch vor dem Versand der Save-the-Date-Karten
(siehe Seite 32).

Wer soll alles kommen?
Machen Sie eine genaue Liste der Menschen, die Sie
einladen möchten und rechnen Sie damit, dass (fast) alle
kommen. Kalkulieren Sie neu hinzugekommene Partner ein
oder überlegen Sie, wie Sie damit umgehen möchten.
Frisch verliebte Freunde sind unter Umständen gekränkt,
wenn sie die neue Eroberung nicht vorzeigen dürfen.

Organisieren Sie sich frühzeitig die Adressen Ihrer Gäste.
Die Euphorie, die fertigen Einladungen oder
Save-the-Date-Karten zur Post zu bringen,
sollte nicht durch mangelnde Information
gemildert werden.

Wir laden ein!

Herzlichen Glückwunsch, Sie haben den schwierigsten Teil der Planung hinter sich und entschieden, wann, wo, wie und mit wem Sie Ihren ganz besonderen Tag begehen möchten. Zeit, es die glücklichen Personen auch wissen zu lassen.

Save the Party, save the Date

Mit Ihrer Gästeliste haben Sie sich im Vorfeld ja bereits viel Mühe gegeben und sorgfältig gewählt, mit wem Sie gern feiern möchten. Die beste Lösung, um Ihren Gästen die Planung zu erleichtern, ist die sogenannte Save-the-Date-Karte. Sobald Ihr Termin feststeht und die Adressliste fertig ist, sollten Sie diese Vorabinformation versenden. Gern und häufig werden Verlobungsanzeigen zusammen mit den Daten der Hochzeit verschickt, dies spart Zeit, Porto und ist ein doppelt schöner Anlass.

Eine gute und mittlerweile recht oft genutzte Möglichkeit, um hier Budget zu sparen, ist die digitale Lösung als E-Mail oder elektronische Einladung. Das ist heute völlig in Ordnung, es muss nicht immer die teure Fotokarte sein. Aber die Save-the-Date-Karte ist für viele Gäste die erste Info zu Ihrem Fest, sie soll Lust und Freude machen. Viele Anbieter im Internet bieten sehr günstig oder sogar kostenfrei verschiedene Gestaltungsmöglichkeiten an. Wer sich selbst kreativ betätigen möchte, kann elektronischen Karten beispielsweise mit Fotos, Zitaten, Piktogrammen, Schnörkeln oder Mustern seine eigene Handschrift verleihen.

Klassischer ist natürlich die postalisch gesendete Karte oder ein kurzer Brief. Erfahrungsgemäß ist dieser optische Hingucker gerade in der Zeit von E-Mails und sozialen Medien emotionaler und ruft eine größere Freude hervor. Hier hat man etwas Bleibendes in der Hand; nichts, was man versehentlich löschen kann. Ein kleiner Tipp: Lassen Sie sich einen Stempel mit Ihrer Absenderadresse anfertigen. Auch eine englische Schreibschrift lässt sich sehr schön in einen Stempel prägen, die passenden Stempelkissen gibt es in allen Farben des Regenbogens. So sparen Sie viel Zeit mit der Beschriftung der Rückseite Ihrer Umschläge. Auf den Absendervermerk sollten Sie keinesfalls verzichten, da Sie eventuelle Rückläufer sonst nicht erhalten und somit keine Übersicht bekommen, welche Briefe nicht angekommen sind. Auch hier kann man selbst zu Schere, Kleber und Stift greifen oder einen Profi beauftragen. Wer es ganz perfekt haben möchte, ordert die Save-the-Date-Karten zusammen mit den Einladungs- und Dankeskarten sowie der kompletten Hochzeits-Papeterie wie zum Beispiel Tischkarten und Namensschildern. Alles aus einem Guss – das macht Eindruck und ergibt am Ende ein sehr harmonisches Gesamtbild.

Die Save-the-Date-Karte muss lediglich den Ort, den genauen Zeitraum und Sie als Absender enthalten. Achtung: Sollten Sie an einem fernen Ort heiraten, ist es besonders wichtig, Ihre Gäste so früh wie möglich darüber zu informieren, damit ihr Erscheinen nicht an logistischen Schwierigkeiten scheitert.

DIE PERSÖNLICHE NOTE
Wenn Sie ein Motto für Ihr Fest haben, machen Sie es schon in der Einladung erkennbar

UM ANTWORT WIRD GEBETEN

Die Save-the-Date- und Einladungskarten sind
die erste Information, die Ihre Gäste
zu Ihrer Hochzeit erhalten.
Und Sie wissen ja, ob gebastelt oder gekauft:
Es gibt nur einen ersten Eindruck.

WER DIE WAHL HAT ...

... hat die Qual. Wie Sie Ihre Karten
gestalten, ist Ihnen überlassen –
schön, wenn Aufmachung und
Umsetzung zur Location passen

Traditionell gestaltete Hochzeitseinladungen bestehen unabhängig von den Informationen über das Wann, Wo und Wie aus der Bekanntgabe der bevorstehenden Vermählung durch die Eltern des Paares sowie durch den Bräutigam und werden in der dritten Person formuliert. Heutzutage wird auf diese Förmlichkeit allerdings auch oft verzichtet. Ganz gleich, wie Ihre Einladung auch aussehen mag und welchen Umfang sie hat, gerade für die Bekanntgabe einer Hochzeit ist es den Aufwand wert, sich besondere Mühe zu geben. Neben all der ungeliebten Post, die in den Briefkästen landet, zaubern schöne Umschläge, ausgesuchte Briefmarken und handgeschriebene Adresszeilen jedem ein vorfreudiges Lächeln ins Gesicht. Das sind diese besonderen Briefe, die man nicht im Treppenhaus aufreißt, sondern vorsichtig mit einem Brieföffner auftrennt. Geben Sie Ihrer Einladung einen persönlichen Touch: Blütenblätter, Konfetti oder andere Überraschungen, die aus dem Umschlag rieseln, zarte Farben, einfach ein paar kleine Besonderheiten. All dies zeigt schon im Vorfeld Ihre Freude auf Ihre Gäste, deren Zusagen und Erscheinen. Die Einladung sollte insgesamt alle wichtigen Informationen für die Gäste enthalten: Neben Datum, Uhrzeit und Ort mit Anfahrtsplan oder Wegbeschreibung, Dresscode oder Motto und der Antwort auf die Frage, was sich das Brautpaar wünscht, sind Vorschläge zu Unterkünften für die anreisenden Gäste (am besten in jeder Preislage und Kategorie) und allgemeine Informationen wichtig. All diese Details können Sie auf verschiedenen Karten unterbringen. Dies ist besonders dann zu empfehlen, wenn Sie nicht all Ihre Gäste zu allen einzelnen Eventpunkten Ihrer Hochzeit einladen möchten oder können. Praktisch ist es außerdem, die Namen und Kontaktdaten der für die Organisation zuständigen Trauzeugen aufzuführen. Zusammen mit der Information, dass man sich bei Fragen zum Thema Reden, Kinderbetreuung oder Besonderheiten in Bezug auf die Ernährung bitte an diese wenden möge. So schaffen Sie sich als Brautpaar den Freiraum, Ihre Hochzeit nach Ihren Wünschen zu gestalten, indem Sie nicht von einfachen, aber teilweise doch anstrengenden organisatorischen Fragen aufgehalten werden. Außerdem spannen Sie auf diese Weise Ihre Trauzeugen verstärkt in Ihre Hochzeit ein, was ihnen ein herrliches Zugehörigkeitsgefühl vermitteln wird. Generell empfiehlt es sich sogar, den Kreis der Personen, die in die Planung und Organisation Ihres Festes involviert sind, auszuweiten. So entsteht bei diesen Menschen eine persönliche Bindung zu Ihrem großen Tag und ihre Freude wird weiter gesteigert. (Siehe Personen und Aufgaben, Seite 21.)

EINLADUNG & MEHR:
Die Gestaltung der
Einladung lässt sich
auf alle Deko-Elemente
umlegen

KREATIVE UMSETZUNG:
Innerhalb einer
Gestaltung lässt
sich schön variieren

„Was wünscht ihr euch?"
*„Euer Kommen ist unser
größtes Geschenk, wer uns
dennoch etwas schenken möchte ...
bitte keine Haushaltsgeräte ..."*

Sie laden ein, ein großes Fest, Ihre Gäste möchten Ihnen etwas schenken – etwas Praktisches, Symbolisches, Klassisches, einen Beitrag leisten zu Ihrem neuen Leben. Nur was wünscht man sich? Was wünschen Sie sich, was brauchen Sie oder wobei könnte man Sie unterstützen? Etwas für Ihren persönlichen Hochzeitsgabentisch, ob aus einem Geschäft oder online, eine Spende für eine soziale Einrichtung, die Sie unterstützen möchten,

GESCHENKIDEEN

Sollten Sie ein paar Ideen benötigen,
folgen hier ein paar Klassiker:

Für Haus und Hof:

Traumhafte Bettwäsche, schöne Dinge für
das Badezimmer wie Handtücher, Bademäntel
und Co., Tischwäsche, Platzteller, feine Weingläser,
altes Silber in allen Ausführungen, sei es Besteck,
Milchkännchen und Zuckertopf oder ein paar
Kerzenleuchter. Auch Pflanzen für den Garten
können ein schöner und bleibender Wunsch sein.

Geldsegen:

Finanzielle Beiträge zu Ihrer Hochzeitsreise oder
einem Traum, bei dem Sie Unterstützung brauchen.
Das kann ein Baumhaus sein, eine neue Terrasse,
die Kommode aus dem Antiquitätengeschäft –
selbst für Wünsche, die noch wachsen oder erst
gefunden werden müssen, ist ein kleiner Geldsegen
eine fabelhafte Idee.

ein Beitrag zu den Flitterwochen oder dem großen Esstisch –
was auch immer Sie glücklich machen würde, lassen Sie es
Ihre Gäste wissen. Bestenfalls direkt als Vermerk auf der
Einladung. Das erspart Ihren Gästen planloses Herumirren
in Geschäften und das klassisch-hoffnungsvolle Rätselraten,
ob sie Ihren Geschmack treffen. Eine weitverbreitete Möglichkeit
ist es, ein Unterkonto erstellen zu lassen, auf welches die Gäste
ihren Beitrag überweisen können. Dies stellt sicher, dass
Sie nicht viermal das zehnteilige Messerset oder 40 kleine
Mokkalöffelchen erhalten.

DRINNEN ODER DRAUSSEN?

Wann im Jahr Sie Ihr Fest planen, bestimmt eigentlich schon grob die Location mit. Open Air geht nur bei Sonne und warmen Temperaturen.

1

3

1 Was verbirgt sich hinter den Toren?
2 Wein- und Hofgüter sind immer eine tolle Location **3** Aber auch verwunschene Gärten …
4 … oder südländische Palazzi können einen perfekten Rahmen bieten

4

2

NORDEN ODER SÜDEN?

Wie exotisch und weit entfernt Sie Ihr Ziel wählen, sollten Sie sich gut überlegen. *Was können Sie Ihren Gästen an Reisezeit zumuten?*

1 Unter freiem Himmel heiratet es sich besonders gut … **2** … auch in der Kombination mondäner Red Carpet und Strohbänke **3** Auch felsige Burgen haben durchaus ihren Reiz

Die Location
bestmöglich nutzen

Wo Sie heiraten wollen, haben Sie ja bereits entschieden, der Termin ist geblockt und die weiteren Vorbereitungen können beginnen. Nun geht es darum, die Örtlichkeiten auch bestmöglich zu nutzen. Viele Hochzeitslocations werden professionell geführt. Hier können Sie sich entspannt von den zuständigen Personen durch die möglichen Gestaltungsvarianten führen lassen. Oft gibt es Bilder von anderen Hochzeiten und bereits bewährte Kontakte und Adressen zu Catering, Musik etc. Damit es am Ende keine böse Überraschung beim Budget gibt, vergessen Sie bitte nicht, die Preise für alle Leistungen zu erfragen. Falls Sie ohne Unterstützung planen, sollten Sie sich Ort und Umgebung rechtzeitig vorher genau anschauen und klären, wie sich Ihre Wünsche am besten umsetzen lassen. Folgende Punkte gilt es dabei zu bedenken:

In einer Stadt zu feiern kann gewisse Risiken bergen, wie zum Beispiel, dass der Gästeschar nicht ausreichend Parkplätze zur Verfügung stehen oder die Anfahrt durch ein Großevent erschwert wird. Daher empfiehlt es sich, frühzeitig für alle Eventualitäten zu planen und den Gästen Lösungen bereitzustellen.

Sollten Sie sich eher mit dem Ländlichen identifizieren und die Möglichkeit haben, eine Hochzeit auf dem Land umzusetzen, genießen Sie den Vorteil, sehr intime Tage mit Ihren Gästen verbringen zu können. Es ist wie eine Art Kurzurlaub, auf den Sie Ihre Lieben einladen. Bei diesem Urlaub gehören Ihre Gäste Ihnen und Sie Ihren Gästen. Damit sich aber niemand eingeengt fühlen muss, sollte man die nötige Infrastruktur schaffen, die Ihnen jede Flexibilität gibt, Ihren kurzen Hochzeitsurlaub in vollen Zügen genießen zu können. So sollte man beispielsweise sicherstellen, seinen Gästen verschiedene Arten von Unterkünften anzubieten. Auch sollte man versuchen, die nötige Logistik wie z. B. einen Shuttle-Service oder Taxen bereitzustellen, sodass die Tage auf dem Land von niemandem als Einschränkung oder gar beklemmend empfunden werden. Mit einer durchdachten Logistik können Sie die Freiheiten, die eine Stadt bietet, auch auf dem Land schaffen.

ALL INCLUSIVE:
Machen Sie sich schlau, wie Sie Ihre Location am besten nutzen können, werden Sie kreativ

DEKORATION UND SETTING

Ob Sie die Tische selbst dekorieren
oder der Veranstalter dies für Sie übernimmt:
*Am besten stimmen Sie sich im Vorfeld
ganz genau über das Was und Wie ab.*

GEDECKTER TISCH:
Wie schlicht oder üppig Sie
Ihre Location dekorieren,
bestimmen Sie und Ihr Budget.
Die Deko sollte aber weder Ihnen
noch dem Essen die Show stehlen.

Auf den nächsten Seiten finden Sie die verschiedensten Vorschläge, wie Sie Ihren Raum für die Hochzeit schmücken und verschönern können. Meist geben bereits Ort und Jahreszeit bestimmte Parameter vor. Ob es nun rustikaler oder eher etwas opulenter sein soll, behalten Sie das Gesamtbild im Auge und setzen Sie die Akzente nach Ihren persönlichen Vorlieben.

Alles beginnt mit dem leeren Raum. Hier sollten Sie schon bei der Auswahl darauf achten, keine zu große Fläche zu wählen. Nichts sorgt für trostlosere Stimmung als von der Tanzfläche in eine große, unbelebte Halle zu blicken. Daher empfiehlt sich eher ein quadratischer oder runder Raum als ein länglicher, rechteckiger. Die Bar sollte direkt an der Tanzfläche sein. Dies ist ein absoluter Geheimtipp für das gelungene Tanzfest, da so auch die Gäste, die gerne mit einem Drink in der Hand entspannt zum Takt mitnicken, einen Beitrag zum Tanzvergnügen leisten. Mindestens ein Drittel der Gäste steht überwiegend an der Bar und dies sind meistens die kommunikativsten Charaktere. Wenn die Bar weit von der Tanzfläche entfernt ist, wird die Tanzfläche nie richtig gefüllt sein, und darunter leidet die Stimmung. Außerdem möchte man diese oft geselligen Charaktere mit in das rhythmische Treiben einbeziehen. Bei einer großen Gästezahl empfiehlt es sich, zwei Bars aufzustellen, um ganz praktisch lange Wartezeiten für Getränke und den daraus resultierenden Unmut bei den Gästen zu vermeiden. Eine sehr lang gezogene Bar ist optisch zwar nicht besonders ansprechend, garantiert aber ebenfalls kurze Wartezeiten. Hier ist ausreichend professionelles Personal wichtig. Erstellen Sie eine Barkarte. Die Gäste können sich so selbständig über das Angebot an Getränken informieren. Dies spart Zeit für Gast und Personal. Gerahmt können die Barkarten für jedermann sichtbar aufgestellt werden.

MOTTO-PARTY:
Ein Thema
dekoriert sich
immer stimmig

OUTDOOR-PARTY:
Eine Lounge
eignet sich gut
als Rückzugsort

TAUSENDE MÖGLICHKEITEN UND NOCH MEHR IDEEN, WIE SIE IHR FEST GESTALTEN KÖNNEN

Damit Bilder und Erinnerungen möglichst
viel Freude machen, raten wir Ihnen,
es an dieser Stelle nicht zu übertreiben.
Klassisch währt am längsten.

KERZENLICHT:

sorgt für
romantische
und edle
Stimmung

TON IN TON:

Farblich abgestimmte Deko
wirkt sehr harmonisch

**NATÜRLICHER
SCHMUCK:**

Wenn die
Location schon
sehr schön ist,
braucht es kaum
mehr Deko

WENIGER IST MEHR:

Achten Sie darauf,
auch schlichte Elemente
zu integrieren

RUSTIKALES FLAIR:

Falls Ihre Location etwas uriger oder schlichter ist, passen Sie die Deko dementsprechend an. Nicht überall passen Lüster oder Stuhlhusse.

DAS LICHT

Die Beleuchtung ist ein weiteres wichtiges Element Ihres Festes. Unterbewusst reagieren wir – und somit auch unsere Stimmung – auf das Licht unserer Umwelt. Man sollte die Räumlichkeiten

in warmes, angenehmes Licht tauchen und den „Verhörraum-Effekt" bei greller Neonröhre vermeiden. Während des Essens sollte der Raum nicht zu dunkel sein, damit jeder erkennen kann, was er auf dem Teller hat. Sobald der Tanz beginnt, sollte sich die Beleuchtung in Richtung „Disco" verändern – etwas dunkler und gerne teilweise mit geschmackvollen Farbtönen aufgelockert. So hält es sogar die Elterngeneration in Erinnerung an ihre Jugendzeiten nicht länger auf ihren Plätzen.

Bei Tisch soll die Freude den Vorsitz führen.

Sehr beliebt sind runde Tische und rechteckige Tafeln – auch gerne in U-Form angeordnet. Der Vorteil einzeln stehender Tische ist, dass durch die geringe Zahl an Gesprächsteilnehmern bei gelungenem Placement eine amüsante Tischgemeinschaft entstehen kann. Wichtig ist nur, dass runde Tische einen kleinen Durchmesser haben sollten. Denn dann sitzt das Gegenüber nicht Lichtjahre entfernt und es ist sogar möglich, sich über die Dekoration hinweg zu unterhalten, ohne sich anschreien zu müssen. Der Nachteil ist, dass diese Anordnung viel Platz benötigt. Lange rechteckige Tafeln sind platzsparender und haben außerdem den Vorteil, dass man sich problemlos mit den beiden Nachbarn und den gegenüber Sitzenden unterhalten kann. Darüber hinaus wird dies allerdings schwierig. Die Anordnung

SITZORDNUNG:
Achten Sie schon bei der Auswahl der Tischform
darauf, dass Sie all Ihre Gäste bequem unterbringen

in einer U-Form ist beliebt für Hochzeitsgesellschaften, da das Brautpaar – genau in der Mitte dieser Konstruktion sitzend – von nahezu allen Gästen gesehen werden kann, ohne dass diese sich umdrehen müssen. Wählen Sie einen Brauttisch für das Brautpaar und seine Liebsten, so ist dieser für gewöhnlich nur einseitig besetzt und blickt in den Raum zu den Gästen. Eine gute Alternative bieten oval geschnittene Tische, da sie die Vorzüge runder und rechteckiger Tische vereinen. Wenn Hochzeitsdinner und Tanzfest in einem Raum stattfinden, müssen oft einzelne Plätze nach dem Essen abgeräumt werden, um Platz zu schaffen. Hier ist es ratsam, den Brauttisch auf der Tanzfläche zu platzieren, sodass nur dieser nach dem Essen schnell und einfach entfernt werden kann. Dem Brauttisch werden für gewöhnlich die Speisen als Erstes serviert. Das Brautpaar steht nach Beendigung der Mahlzeit also auch als Erstes auf und kann von Tisch zu Tisch gehen, um sich seinen Gästen zu präsentieren. Dies sorgt für nette Stimmung und spricht die Gäste noch einmal sehr persönlich an. In dieser Zeit kann der Brauttisch schnell abgebaut werden, ohne dass Gäste aufgefordert werden müssen, ihre Plätze zu verlassen. So kann das Dinner elegant in ein Tanzfest übergehen.

UNTERM STERNENHIMMEL:

Denken Sie bei Outdoor-Festen an eine stimmungsvolle Beleuchtung

FRISCHE BLUMEN:

sind ein toller Tischschmuck, müssen aber auch budgetiert sein

DAS PLACEMENT

Eine Sitzordnung zu erstellen
kann viel Spaß machen.
Man sollte die Stimmen derer ausblenden,
die vor dieser Aufgabe warnen.

Schauen Sie sich die Gästeliste genau an. Gehen Sie systematisch vor. Menschen mit verwandten Interessen und in ähnlichem Alter zusammenzusetzen, ist immer sinnvoll. Den berühmten Singletisch und seinen Ruf kennt jeder. Aber ist es für Singles nicht erfreulicher, wenn der Sitznachbar ebenfalls keinen Partner dabeihat, der potentiell ständig nach dem Rechten schaut, und man sich ungezwungen und frei unterhalten darf? Dies ist ein Ja zum Singletisch. Die richtige Tischordnung gibt es nicht. Wenn Sie unsicher sind, gehen Sie den einfachsten und logischen Weg: Man setzt Paare, die bereits befreundet sind oder von denen Sie glauben, dass sie sich gut verstehen würden – und insofern man genügend ledige Gäste hat, diese ebenfalls – zusammen. Wichtig ist hierbei nur, dass die Singles nicht in die hinterste Ecke des Raumes, sondern nah an Bar und Tanzfläche gesetzt werden. Oft befinden sich unter ihnen motivierte Tänzer, die nur zu einer Steigerung der Stimmung beitragen können. Falls hier eine fröhliche Runde entsteht, profitieren alle davon, und falls nicht, sitzt keiner traurig, allein und obendrein noch in der Nähe der Tür zu den Waschräumen. Ältere Gäste sollten übrigens wegen der Zugluft ebenfalls nicht an den Ausgängen platziert werden. Generell lohnt es sich nicht, sich große Sorgen wegen der Sitzordnung zu machen. Seien Sie frohen Mutes und gehen Sie davon aus, dass die Gäste von Ihrem großen Tag elektrisiert, voller Vorfreude auf den Tanz und daher bestens gestimmt sind. Die Gäste sind gekommen, um Sie zu feiern, und freuen sich, Teil Ihrer Hochzeit sein zu dürfen. Nutzen Sie Ihre Energie lieber für die Vorfreude auf Ihr Fest, anstatt auf negative Stimmen zu hören, die es wohl immer geben wird.

WER SITZT WO?
Jeder Gast sollte sich gut zurechtfinden
und über seinen Tischnachbarn freuen

Ebenso wie Ihnen soll es Ihren Gästen am Tag Ihrer Hochzeit rundherum gut gehen und es soll ihnen an nichts fehlen. Damit Freunde und Familie Ihre Freude und gute Laune teilen und möglichst lange mit Ihnen feiern können, ist es wichtig, während der ganzen Zeit für ihr leibliches Wohl zu sorgen. Bedenken Sie dies in jedem Fall bei der Budget-Verteilung. Niemand wird sich über das teure Canapé freuen können, wenn er am Ende nicht satt wird. Gehen Sie vorab Ihr Fest gedanklich durch und überlegen Sie ruhig großzügig, wann, wo und wie Speisen und Getränke angeboten werden können.

FÜR DEN KLEINEN HUNGER:
Am glücklichsten machen Sie Ihre Gäste mit vielen kleinen Snacks für zwischendurch

Canapés,
Flying Buffet
und Zwischensnacks

Um die Gäste zwischen Trauung und Dinner nicht verhungern zu lassen, ist es aufmerksam, zum Empfang kleine, feine Häppchen anzubieten. Das kann ein fest aufgebautes Buffet sein oder ein von Kellnern gereichtes Flying Buffet. Die Canapés sollten appetitanregend, mundgerecht und per Hand essbar sein. Mit einem Begrüßungscocktail in der einen Hand und einem Amuse-Bouche-Löffel in der anderen mag manch ein Gast bereits überfordert sein. Denkbar ist auch eine Station und/oder mehrere kleine Stationen, auf denen die Gaumenfreuden präsentiert werden und die für jeden leicht zugänglich sind – denn wer kennt nicht die Situation, dass das Servicepersonal bei einem Empfang immer und immer wieder mit einem leeren Tablett an einem vorbeihuscht. Eine preisgünstigere Variante ist eine traditionelle Brotzeit, an der die Gäste sich selbst bedienen dürfen. Manche Locations erlauben hier auch selbst mitgebrachte Speisen. Erfragen Sie dies aber unbedingt vorab. Viele Paare servieren zum Empfang auch Kaffee und Kuchen. Ob Sie bereits am Nachmittag die Hochzeitstorte anschneiden wollen oder sich dies klassisch für das Dessert nach dem Dinner aufsparen, entscheiden Sie selbst.

Nach einer Begrüßung beginnt die eigentliche Feierlichkeit der Hochzeit: *das Dinner*

Brautpaare haben die Qual der Wahl, sich entweder für ein Hochzeitsmenü oder ein Buffet zu entscheiden. Ein gesetztes Menü ist durchaus festlicher und dem Anlass der Feier entsprechender als ein Buffet, welches eventuell eine größere Vielfalt bietet. Die Planung des Abends lässt sich durch das Menü einfacher gestalten. Reden und Pausen lassen sich zwischen den einzelnen Gängen wunderbar platzieren. Die einzigen Nachteile eines Menüs sind die höheren Kosten und die mangelnde Auswahl der Speisen. Hier scheiden sich tatsächlich die Geister und Sie werden es nie allen recht machen können. Wählen Sie am besten ganz einfach die Variante, die Sie als Paar präferieren.

EIN PAAR TIPPS FÜR DAS DINNER

Keine zu exotischen Vor- und
Hauptspeisen servieren.

Kein Fleisch vor Fisch servieren.

Die Beilagen müssen qualitativ
der Hauptspeise entsprechen.

Suppen sind ein schwieriges Thema!
Wenn eine Suppe, dann nur eine klare.

Es sollten keine Speisen serviert werden,
die schwierig zu handhaben sind, z. B. Spaghetti,
um den Gästen eine Szene à la Loriot zu ersparen.

Saisonales Gemüse als Beilage
und Saisonobst zum Dessert.

Der Hauptgang sollte aus
gängigen Fleischsorten bestehen.

Als aufmerksamer Gastgeber bittet man
seine Gäste bereits mit der Einladungskarte,
die Speisenwahl, Lebensmittelallergien oder
vegetarische Kost mitzuteilen.

Die Faustregel bei jedem Gänge-Menü lautet, dass sich ein bestimmtes Konzept erkennen lassen sollte: Auf eine Thaisuppe folgt kein Wiener Schnitzel. Bei der Auswahl der Speisen sollte man darauf achten, dass man bestmöglich jeden Geschmack trifft. Traditionell hat ein Hochzeitsmenü vier Gänge und besteht aus folgenden Gerichten:

Vorspeise
Zwischengericht
Hauptgericht, eventuell mit mehreren Möglichkeiten zur Auswahl:
Fisch oder Fleisch – und die Vegetarier nicht vergessen!
Dessert
Kaffee bzw. Espresso zum Abschluss

EIN PAAR TIPPS ZUM BUFFET

Der Aufbau der Gerichte sollte nicht zu nah an den Tischen platziert werden, damit die dort speisenden Gäste nicht gestört werden.

Bei einer großen Anzahl von Gästen empfiehlt sich ein doppelter Zugang, um lange Schlangen zu vermeiden.

Informieren Sie sich vorab über die Anrichtung der Speisen und besprechen Sie detailliert Ihre Nachfüll-Vorstellungen, sodass die Gäste nicht plötzlich vor leeren Buffetplatten stehen.

Wenn Sie Ihr Buffet etwas aufwerten möchten, integrieren Sie Stationen, an denen bestimmte Gerichte live zubereitet werden. Ein Grill oder eine Pasta-Ecke machen sich immer gut und halten Gäste bei Laune.

Achten Sie auch bei einem Buffet darauf, dass die Speisen harmonisch gewählt sind und die Beilagen zu den Hauptbestand-teilen passen.

Ob Menü oder Buffet, eine elegante Auflockerung stellt der „Dinner Dance" dar, bei dem die Gäste schon zwischen den Gängen durch charmante Schrittfolgen in Schwung kommen können.

DESSERT UND TORTE

Wenn es um Süßes geht,
scheiden sich die Geister,
manch einer kann und
will den ganzen Tag
über naschen, andere
überhaupt nicht.
*Das Buffet ist hier eine sehr
elegante Lösung,
jeden zufriedenzustellen.*

Die beliebteste Variante, das Dessert zu reichen, ist sicherlich das Buffet. Selbst wenn das Dinner serviert worden ist, bietet es sich an, den letzten Gang – oft auch verbunden mit einem Raumwechsel – als frei wählbare kleine Gerichte aufzubauen. So lassen sich Süßes und Käse gut gleichzeitig anbieten. Gäste, die lieber auf das Dessert verzichten, kommen so außerdem nicht in die Verlegenheit, den Gang stehen lassen zu müssen. Klassischerweise wird auch die Hochzeitstorte nach dem Dinner und zum Dessert angeschnitten. Sollten Sie für Ihre Torte spezielle Vorstellungen haben, teilen Sie diese am besten Ihrem Caterer oder dem Verantwortlichen der Location mit. Dieser kann die Torte entweder selbst herstellen oder hat gute Kontakte zu einem Patissier, der Ihre Wünsche umsetzen kann. Probieren sollten Sie Ihre Hochzeitstorte der Wahl in jedem Fall im Voraus. Besonders, wenn diese auch gleich als Nachspeise am Fuße des Hochzeitsdinners fungieren soll.

1 FLYING CAKE:
Portionierte Leckereien
lassen sich gut servieren

2 SÜSSE KOSTBARKEITEN:
Aufwändige Süßigkeiten
zeugen von großer
Wertschätzung

3 OPULENTE BUFFETS:
erlauben Ihren Gästen,
sich frei zu bedienen

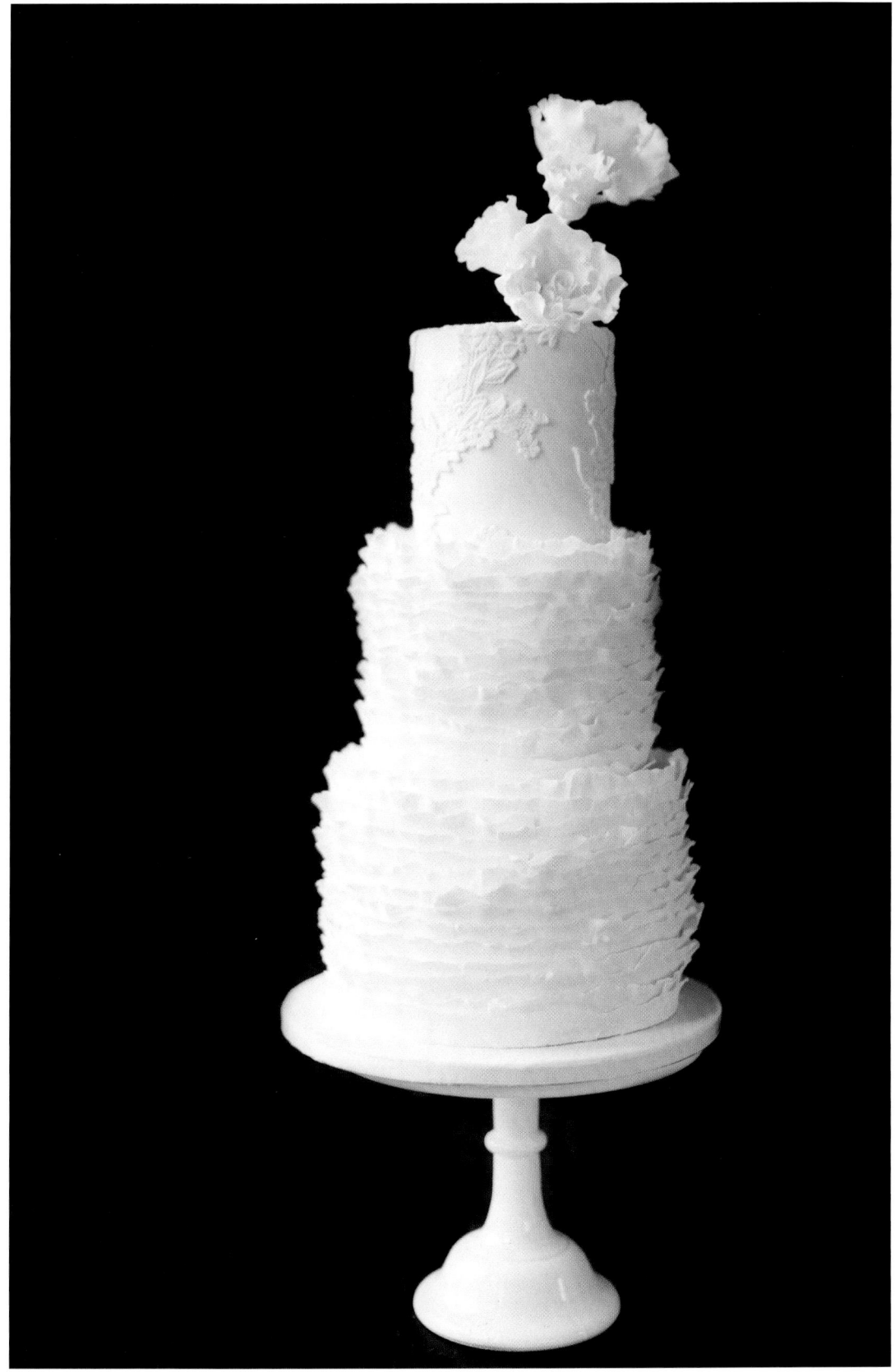

DIE KÖNIGIN DER TORTEN:

ist die Hochzeitstorte, hier dürfen Sie sich ruhig eine besonders opulente aussuchen

CAKE POPS
lassen sich sehr gut im Stehen und mit einem Drink in der Hand verzehren

CANDY BARS
werden vor allem zu später Stunde dankend angenommen

AM SPIESS
können Sie kreativ servieren lassen

SÜSSES OBST
ist immer eine gute Alternative zu Kuchen

IM GLAS
lassen sich die Portionen gut vorbereiten

CUPCAKES
in verschiedenen Variationen machen sich gut am Buffet

MOTTO-TORTEN
sollten nicht nur gut aussehen, sondern auch schmecken

DER ERDBEER-KLASSIKER
ist beliebt bei allen Hochzeitsgästen

STOCKWERKSCHUMMEL:
Mit der Präsentation lässt sich der Kuchen noch mal größer zaubern

Wer kennt ihn nicht,
den Heißhunger
zur Geisterstunde?

Da ist der Mitternachtssnack sicher sehr beliebt bei den Gästen. Der Auswahl sind kaum Grenzen gesetzt. Von einfachen Käsewürfeln mit Brot über die klassische Mitternachtssuppe bis hin zu Fast Food – fast jeder Gast freut sich über eine kleine Stärkung nach dem ausgelassenen Treiben der letzten Stunden. Wichtig ist nur, dass die kleine Zwischenmahlzeit unkompliziert auch im Stehen und ohne viel Besteck verzehrt werden kann.

LASST DIE KORKEN KNALLEN – GETRÄNKE

*Kein Fest ohne
die passenden Getränke.*
Von klassischem
Champagner bis zu
originellen Drinks:
Wichtig ist, dass
die Auswahl auch
zum Essen passt.

Natürlich ist die alkoholische Begleitung an diesem Tag besonders wichtig. Vergessen Sie darüber hinaus aber nicht, dass Sie Ihre Gäste während der kompletten Zeit auch mit anti-alkoholischen Getränken versorgen sollten. Gerade an heißen Sommertagen sollte immer genügend Wasser, wenn möglich auch Säfte und Softdrinks zur Verfügung stehen. Ein perfekter Getränkeservice ist beinah noch wichtiger als der Dinnerservice. Denken Sie auch an Kinder, ältere Menschen und eventuell schwangere Gäste. Mit einer kreativen alkoholfreien Alternative zum Anstoßen machen Sie sich sicher sehr beliebt.

Der Aperitif

Falls es das Hochzeitsbudget ermöglicht, ist gerade beim Empfang Champagner die beste Wahl. Es muss aber nicht immer die bekannteste Marke sein. Hier lohnt sich gute Fachberatung. Eine preiswerte Alternative zum Champagner ist ein Crémant oder einfach Sekt oder Prosecco. Auch Cocktails sind eine beliebte Alternative beim Empfang.

Gerade über Trend-Aperitifs wie Aperol Spritz, Port Tonic, Hugo oder Lillet freuen sich vor allem die jungen Gäste. Mit erprobten Eigenkreationen können Sie Ihre Gäste positiv überraschen. Die jeweiligen Getränke kann man wunderbar mit saisonalem Obst, Gemüse und Kräutern wie z. B. Gurken und Minze verschönern.

Die
Weinbegleitung

Bei der Auswahl der menübegleitenden Weine sollte man vor allem auf Neutralität achten. Der Weißwein sollte beispielsweise nicht zu geschmacksintensiv, blumig, schwer oder säurehaltig sein. Das Gleiche gilt für den Rotwein, süffig und leicht bekömmlich sollte er sein, vorzugsweise nicht ermüdend. Entsprechend der Menüwahl wird ein guter Caterer oder das Restaurant eine Weinempfehlung aussprechen, die vorab getestet werden kann. Wenn man sich auf die Speisen festgelegt hat und sich noch unsicher in der Wahl der Weine ist, kann man auch in einen Weinfachhandel gehen, der eine entsprechende Beratung anbietet. Zwei verschiedene Weiß- und Rotweine anzubieten, ist eine Frage des Budgets, aber bestimmt eine gute Idee. Die Weine sollten mit auf der Menükarte auf den Tischen stehen.

Digestif, *Bar und Co.*

Als Brautpaar sollte man bei der Planung des Abends darauf achten, dass hochprozentiger Alkohol und „Kurze" erst nach dem Essen bzw. nach der Hauptspeise serviert werden, damit nicht manch ein Gast bereits vor der Vorspeise ausgelassen auf dem Tisch tanzt. Nach dem Essen sollte der Abend im Tanzfest seinen Höhepunkt finden. After-Dinner-Cocktails, z. B. ein Moscow Mule oder ein Gin Basil Smash, liegen voll im Trend und werden definitiv manch einen Gast ins Schwärmen und auf die Tanzfläche bringen. Die Hochzeitsgäste freuen sich sicher – neben Bier und Wein – über ein reiches Angebot an Longdrinks. Bei den Longdrinks ist es wichtig, dass die dafür benötigten Getränke wie Tonic Water oder Coca Cola nicht aus Zwei-Liter-Plastikflaschen ausgeschenkt werden – das schmeckt nicht besonders gut und sieht auch nicht schön aus. Plastikflaschen haben allgemein nichts auf einer Hochzeit zu suchen. Sollte Ihr Budget begrenzt sein, bitten Sie den Caterer, das Restaurantteam oder sonstige Verantwortliche, alle aus Plastikflaschen stammenden Getränke vorweg in Karaffen umzufüllen.

An dieser Stelle bleibt nicht mehr zu sagen als: *Cheers! Let's get this party started!*

KAPITEL 2

DER DRESSCODE

Das Wichtigste ist,
dass Sie sich selbst gefallen.
*Nichts ist bezaubernder
als eine Braut, die sich
wunderschön fühlt.*

Was zieh ich nur an, was zieh ich nur an? Diese Frage beschäftigt die meisten von uns ja schon, wenn wir nur als Gast auf eine Hochzeit eingeladen sind. Wenn es um die Wahl des eigenen Brautkleides geht, stehen viele Frauen kurz vor dem Nervenzusammenbruch. Das können Sie vermeiden! Und guter Rat muss auch nicht immer teuer sein. Auf den nächsten Seiten finden Sie nicht nur einen Überblick über passende Braut-Outfits für jeden Typ, wir helfen auch beim Einkleiden des Bräutigams und der Gäste.

DEM ANLASS ENTSPRECHEND:
Der Dresscode des Tages
sollte auch zur Location passen

SPITZE, SEIDE UND VIEL TÜLL – DAS BRAUTKLEID

Für viele Bräute ist das Kleid mit der wichtigste Part der ganzen Hochzeit, das ist auch völlig in Ordnung. *Einmal im Leben dürfen Sie Prinzessin spielen* und tanzen, bis die Sonne aufgeht.

PRINZESSIN ODER FEE?
Brautkleider gibt es heute in beinahe allen Formen und Stoffvarianten, Sie werden sicher Ihren persönlichen Favoriten finden

Kaum vorstellbar, aber Weiß war nicht immer Weiß. Früher trugen Bräute an ihrem Hochzeitstag einfach ihr bestes Kleid, zumindest in Mitteleuropa. Oft war dies entweder Schwarz oder entsprach der jeweiligen Regionaltracht. Wichtig war die Farbe dabei jedoch nicht. Weiß kam erst in Mode, als die englische Königin Victoria 1840 Prinz Albert von Sachsen-Coburg und Gotha in einem weißen Brautkleid zum Mann nahm. Dass die Farbe als Zeichen der Unschuld und Reinheit gilt, trug noch zusätzlich zur Verbreitung dieser Tradition bei. Ab den 1920er-Jahren fasste das weiße Brautkleid hierzulande nach und nach Fuß. Allerdings wird lange nicht in jedem Land in Weiß geheiratet. In einigen Kulturen gilt Weiß als Farbe der Trauer. So trägt man beispielweise in China und Indien traditionell Rot, da die Farbe in diesem Kulturkreis Glück bringen soll.

Mit der Entwicklung der Mode veränderten sich natürlich auch die Brautkleider durch das Kommen und Gehen von Stilrichtungen, Farbtrends, Schnittführungen und Formen. Auf den großen internationalen Laufstegen ist das Brautkleid häufig die letzte und wichtigste Kreation einer Modenschau. Das Herzstück der Kollektion, das Meisterwerk des Designers. Die Vielzahl an Möglichkeiten ist hier schier endlos, macht die Wahl jedoch nicht leichter. Am Ende gibt es aber für jeden Typ Frau das richtige Kleid.

Ob strenge Formen, mit langem Arm oder Bandeau, elfenhaft oder prinzessinnengleich, Ballerina, Hosenanzug oder andere Zweiteiler – es gibt nichts, was es nicht gibt und was Sie nicht haben können. Was Ihnen gefällt, ist erlaubt. Auch die Stoffe sind so variabel wie die Schnitte: alte, ehrwürdige Spitze, stehender Taft, fließende Seide ... Diese unerschöpfliche Vielfalt gibt jeder Braut die Möglichkeit, alles zu wählen und zu kombinieren, was sie schon immer in einem Kleid vereint haben wollte und wovon sie als kleines Mädchen bereits geträumt hat.

KOSTBARE SPITZE
ist ein zeitloser
Klassiker, mit dem
man nichts falsch
machen kann

SAUM UND SCHLEPPE
werten ein Kleid
optisch auf, sind
aber nicht immer
einfach zu tragen

SO FINDEN SIE GARANTIERT
IHR TRAUMKLEID

Damit Sie am Ende auch wirklich Ihr Traumkleid finden,
folgt hier ein kleiner Leitfaden:

Durchstöbern Sie Zeitschriften und Modeblätter, verschaffen
Sie sich einen Überblick, was es alles gibt, und markieren Sie,
was Ihnen am besten gefällt. Wenn Sie Spaß daran haben, kleben Sie
doch einfach eine Bilder-Collage und wählen daraus Ihre Favoriten.

Machen Sie sich im Vorfeld über die Preise der Hersteller schlau
und legen Sie fest, was Sie für Ihr Kleid ausgeben wollen.
Vergessen Sie nicht, die Accessoires miteinzurechnen.

Wenn Sie mögen, beziehen Sie Ihre Freundinnen und/oder
Ihre Mutter in die Auswahl mit ein, Sie machen den Damen
sicher eine große Freude.

Machen Sie rechtzeitig Termine in den Braut-Boutiquen Ihrer Wahl.
Oft findet man beim ersten Besuch nicht das richtige Kleid.
Manche Firmen haben lange Lieferzeiten, auch Spezial-
änderungen benötigen Zeit.

Seien Sie offen, probieren Sie ruhig auch einmal
ein Kleid an, das nicht auf Ihrer Favoritenliste steht.

Seien Sie nicht enttäuscht, wenn das Traumkleid nicht
sofort gefunden ist. Gut Ding will eben Weile haben,
und das Weitersuchen lohnt sich.

Falls Sie schon eine sehr konkrete Vorstellung von Ihrem Kleid haben,
macht es Sinn, sich mit einem Brautschneider zu besprechen.
Hier bekommen Sie garantiert ein speziell für Sie gefertigtes Unikat.

Und am wichtigsten: Genießen Sie jede Anprobe! Dies ist Ihr Tag
und Ihr besonderes Kleid, Sie dürfen ruhig noch einmal ein wenig
ausprobieren, das ist erlaubt und bleibt Ihnen ewig in Erinnerung.

DER DRESSCODE

WETTERTIPPS

In welcher Jahreszeit oder zu welchem Wetter Sie auch heiraten, es empfiehlt sich, immer ein Kleidungsstück gegen Kälte und Regen in Reserve zu haben. In Gotteshäusern herrschen meist kühle

86

Temperaturen und gerade dort gilt es auch, sich nicht zu freizügig zu kleiden. Nackte Schultern sind nicht gern gesehen. Bolero- und Strickjacken oder ein großes Schaltuch bieten sowohl Wärme als auch eine schöne Vervollständigung der Hochzeitsgarderobe. Aber denken Sie daran, das zusätzliche Kleidungs-stück zwischendurch immer wieder abzulegen, damit Sie auch in Ihrer ganzen Pracht zu sehen sind – nicht nur für die Gäste am Hochzeitstag, sondern auch für die späteren Erinnerungsfotos. Ein wenig Gelassenheit, mit der Sie der Kälte trotzen, lohnt sich an dieser Stelle.

JEDES KLEID
KANN EIN HOCHZEITSKLEID SEIN,
WAS ES DAFÜR BRAUCHT,
IST LEDIGLICH EINE BRAUT.

Ob Sie schon immer eine genaue Vorstellung hatten oder bis zum Tag Ihrer Verlobung noch nie einen Gedanken daran verloren haben, gibt es hier gute Neuigkeiten: Es existiert, Ihr Kleid. Extravagant, mini, maxi, lang, weit, kurz, mit oder ohne Perlen, Steinen und Dekor: Alle Stilrichtungen, alle Möglichkeiten, alle Wünsche sind umsetzbar und lassen sich mit ein paar (oder auch ein paar mehr) Stichen für Ihren großen Auftritt zusammennähen. Das Wichtigste ist, ein Kleid zu finden oder entstehen zu lassen, das zu Ihnen passt, Ihre Persönlichkeit widerspiegelt und Ihre Rolle der absoluten Hauptfigur unterstützt.

Schmale, schlanke Statur:
einteilige Roben und lange, enge Kleider
oder luftig–leichte Elfenlooks.

Klassische Sanduhr–Figur:
der Meerjungfrauenschnitt, das Kleid liegt
eng am Körper an, ab dem Knie abwärts wird
die Silhouette weit. Taillenbetonte Kleider,
perfekt gesetzte Cutouts oder Transparenzen.

„Apfeltypen" mit üppiger Körpermitte:
sollten Ihr Dekolleté betonen, beispielsweise
eine Taillennaht unter der Brust setzen und
in einen fließenden Rockteil übergehen lassen.

Breite Schultern oder ein üppiges Dekolleté,
welches dem Körper eine V-Form verleiht:
weite Röcke oder kurze Kleider.

Birnenförmige Körperform,
schmale Schultern und weibliche Hüften:
Dekolleté betonende Kleiderformen
mit ausgestelltem Rockteil.

Für üppige Damen:
zweiteilige Arrangements oder Roben ohne Rüschen
oder Applikationen. Wenn man schlanker erscheinen
möchte, sollte man anstatt Weiß bevorzugt Cremeweiß
oder Champagner wählen.

DIE WICHTIGSTEN ACCESSOIRES FÜR EINE BRAUT

Ob schlicht und pur, romantisch verspielt oder glitzernd und edel – Ihr Outfit zum großen Tag lässt sich ganz individuell gestalten. Ob viele oder wenige Accessoires, dezent oder auffallend, Sie bestimmen den Look. Hier eine kurze Übersicht der wichtigsten Kleid-Begleiter.

EINE FRAGE DES TYPS:
Achten Sie bei der Auswahl
der Accessoires auf das Gesamtbild

Der Schleier

Der Hochzeitsschleier ist der älteste Bestandteil des Brautoutfits und auch um einiges älter als das klassische Brautkleid. Die Beliebtheit des Schleiers variierte im Laufe der Jahrhunderte, ab dem 19. Jahrhundert wurde er wieder populär. Der Schleier ist sicher eines der beliebtesten und am häufigsten getragenen Accessoires und eines, welches Sie wohl nur einmal im Leben tragen werden. Für viele Bräute tritt der Moment der großen Rührung erst ein, wenn sie zur Anprobe zum ersten Mal einen Schleier angesteckt bekommen. Wie das weiße Kleid ist auch er ein Zeichen für Reinheit und Unschuld. Die Braut, welche sich unter dem Schleier verbirgt, spiegelt die reine und unschuldige Seele eines Mädchens wider. Hierfür hatten die meisten Schleier den sogenannten „Blusher", der das Gesicht der Braut verdeckt und erst bei der Übergabe an den Ehemann oder zum ersten Kuss aufgedeckt wird. In manchen Ländern und Religionen ist es allerdings verboten, das Gesicht der Braut während der Trauung zu verdecken. Brautschleier sind in vielen verschiedenen Längen, Materialien und auch Mustern erhältlich. Wichtig ist natürlich, dass er zu Ihnen und zum Stil Ihres Kleides passt. Genau wie bei den Kleiderschnitten gibt es auch bei der Wahl der Schleierform viele Möglichkeiten und schmeichelnde sowie unvorteilhafte Formen. Sehr zierlichen Frauen stehen kurze und breite Schleier-varianten sehr gut, während lange, schmal geschnittene Schleier die Silhouette optisch strecken und daher besser für kräftigere Figuren geeignet sind. Bei geschlossenem Haar kann der Schleier, an einem Kamm befestigt, gut in die Frisur integriert werden. Bei offen getragenem Haar muss man beachten, dass der Halt nicht optimal ist und der Schleier leicht herausrutschen kann. Den Schleier hier in den sehr beliebten Blumenkranz zu integrieren, ist daher eine gute Lösung. Wer keinen Blumenkranz tragen möchte, kann sich auch aus Eigenhaar oder Extensions einen Zopf flechten lassen. Es gibt allerdings auch Haarreife, die mit dem Schleier zusammengefasst sind. Wichtig zu beachten ist, dass man während der Zeit der Gratulationen nach der Trauung unbedingt den Schleier, wenn auch nur vorübergehend, abnehmen sollte, da viele Gratulanten die Braut freudig und fest umarmen werden, so dass sich der Schleier – oftmals samt Frisur – sehr schnell lösen kann. Bedenken Sie bei der Wahl ebenfalls, dass Sie sich auf der Hochzeit damit wohlfühlen sollen und der Stoff Sie nicht zu sehr in Ihrer Bewegungsfreiheit einschränken sollte, da Sie ja möglichst elegant und unbeschwert durch den Tag schreiten möchten. Ein sich ständig verfangender oder zu schwerer Schleier wird schnell zu einem Ärgernis und macht nicht so viel Freude wie damals im Brautgeschäft, wo er sanft über dem weichen Teppich schwebte. Neben Brautstrauß oder Strumpfband kann der Schleier traditionell die nächste Braut bestimmen: Wer beim Schleiertanz ein Stück des Schleiers erhascht und es abreißt, wird laut Voraussage als Nächste heiraten. Dies ist allerdings ein Brauch, der zum Glück nur selten zum Einsatz kommt, da es sehr schade ist, aus Aberglauben die Optik der Braut zu zerstören.

STOFF MIT TRADITION:
Der Brautschleier ist in vielen Kulturen zu finden, natürlich in unterschiedlichen Varianten

DER STOFF, AUS DEM TRÄUME SIND — DIE BELIEBTESTEN STOFFE FÜR IHR TRAUMKLEID:

Spitze:
seit Jahrhunderten ein wertvolles Gut.
Spitze gibt es in den unterschiedlichsten Materialien,
Farben und Mustern. Die durchbrochene Zartheit
und die Semitransparenz machen Spitze gerade
für Brautkleider so beliebt. Edel, luxuriös
und so traumhaft schön.

Seide:
ob fließend, glänzend, leicht oder steif.
Ein wundervolles Material, mit dem sich vielfältige
und unterschiedliche Looks kreieren lassen.

Tüll:
Im 19. Jahrhundert machte dieses netzartige Gewebe
die französische Stadt Tulle bekannt. Bis heute
ist Tüll aus der Brautmode nicht mehr wegzudenken.
Auch als Stretchware und aus natürlichen wie auch
synthetischen Materialien erhältlich.

Satin:
Es ist nicht alles Gold, was glänzt. Aber es könnte
Satin sein. Geschmeidig, glänzend, luxuriös —
ob schlicht oder verziert, Satin verfehlt nie
seine Wirkung.

Taft:
viel Volumen, wenig Gewicht, leichter Glanz.
Sehr gut für stehende Röcke und
strenge Kleider geeignet.

Silk-Touch:
eine fantastische, günstige Alternative
zu echter Seide. Ob mit oder ohne Stretch,
es ist waschbar, pflegeleicht und heutzutage
optisch kaum noch von Seide zu unterschieden.

Stretchstoffe (Seide, Satin und Co.):
Stretchstoffe oder Einsätze sind gerade
bei Hochzeitskleidern eine gute Wahl, da sie
der Bewegungsfreiheit, den vielen Köstlichkeiten,
dem Tanzen und langen Sitzen dienen.

Chiffon:
ein zarter Hauch, leicht transparent, elfenartig.
Auch und besonders als oberste Lage
schenkt Chiffon eine luftig-feierliche Optik.

KOPFSCHMUCK

Neben dem Schleier gibt es natürlich etliche andere Möglichkeiten, Ihren Kopf zu schmücken, Ihr Gesicht einzurahmen und den Brautlook zu vervollständigen. Doch Kopfschmuck ist nicht nur bei Bräuten sehr verbreitet, sondern erfreut sich auch unter den Gästen großer Beliebtheit. Gerade ein Hochzeitsfest ist eine besondere und sehr schöne Gelegenheit, sich richtig herauszuputzen – ein Outfit zu wählen, welches dem Thema der Hochzeit und der Einladung entspricht, sich stilvoll zu kleiden, sich Mühe zu geben und mit einem Kopfschmuck den festlichen Anlass zu feiern. Hier ein paar Möglichkeiten, den Kopf zu schmücken, ob für die Braut oder die anderen Damen der Hochzeitsgesellschaft:

Der Fascinator:

ein festlicher Kopfschmuck für die weiblichen Gäste und besonders in Großbritannien sehr verbreitet.
Arrangements aus Stoffen, Spitze, Tüll sowie Federn und Blumen in allen Formen und Farben.
Sie sind an Reifen oder Nadeln befestigt und scheinen über dem Kopf zu schweben. Meist abgestimmt
auf das Outfit, aber auch als festlicher Farbtupfer zu einem zurückhaltenden Look.

Der Blumenkranz:

in erster Linie von der Braut sowie ihren Brautjungfern, Blumenkindern oder der Trauzeugin getragen.
Auch für Gäste eine bezaubernde Idee, sollte jedoch weder zu auffällig sein noch dem Kopfschmuck
der Braut ähneln oder diesen übertreffen.

Tiara (der Braut vorbehalten):

der Kopfschmuck, welcher die Braut für einen Tag zur Königin macht. Die Kronen ähnelnde Anmutung
kann eine enorme Wirkung haben, muss jedoch zwingend stilvoll und elegant sein, um diese zu erzielen.

Kette:

Gerade bei Boho-Hochzeiten sehr beliebt sind zarte Ketten,
die im Haar befestigt werden und leicht über Scheitel und Stirn fallen.

Kamm:

Der altmodische Kamm ist gleichzeitig ein Schmuckstück und eine wunderbare Möglichkeit,
das Haar zu einer Frisur zu halten. Verziert oder auch bezogen ist er ein hübscher Blickfang.

Bänder:

Seidenbänder finden seit jeher auf unterschiedlichen Wegen in die Frisuren
und auf die Köpfe der Damen. Wieso nicht einmal auf Ihren?

Flechtwerk:

Flechtfrisuren zählen sicherlich auch zum Kopfschmuck. Die unterschiedlichsten Flechttechniken zaubern
traumhafte, voluminöse, altmodische oder moderne Frisuren und können mit und auch ohne Ergänzung
von Blumen oder weiterem Schmuck ihre volle Wirkung offenbaren.

Federn:

Federn gehören zu den natürlichsten und vielseitigsten Accessoires. Formen und Farben,
ihre Leichtigkeit, der Zauber hinter ihnen – Federn im Haar sind immer eine besonders schöne Idee.

Hut:

Der Hut, so erwünscht und passend, ist eine Frage der Einstellung und des Mutes.
Große Hüte stören zwar bei Begrüßungen und Umarmungen, sind aber nach wie vor ein Blickfang
und eine perfekte Kombinationsmöglichkeit zu einem strengen Kostüm oder Kleid. Wenn der Anlass
gegeben ist und das Fest in diesem Stil ausgerichtet wird, lohnt es sich, sich zu trauen. Also, nur Mut zum Hut!

Tritt mir nicht
auf die Schleppe.

Ein Kleid mit Schleppe ist immer etwas Besonderes. Dieses bisschen Extra-Stoff verändert die gesamte Aussage, die Silhouette – Ihre sowie die des Schnittes. Ob die Schleppe elfenhaft am Rücken oder klassisch am Saum ausläuft, bleibt jeder Braut selber überlassen. Sollten Sie sich für eine Schleppe entscheiden, lohnt es sich, diese hoch- oder abknöpfen zu können. Dies erleichtert Ihnen spätestens beim Hochzeitstanz das Leben und stellt sicher, dass Ihnen nicht ständig jemand unabsichtlich auf die Schleppe tappt. Das Hochknöpfen sollten Sie und bestenfalls Ihre Trauzeugin ein paarmal vorab üben, um während des Festes nicht ewig nach einer winzigen Schlaufe für einen noch kleineren Knopf suchen zu müssen.

Damit der Schuh nicht drückt – *der richtige Brautschuh*

Welche Brautschuhe Sie auch wählen, Sie sollten auf Bequemlichkeit achten. Sie wollen mindestens einen ganzen Tag lang ohne störende Schmerzen in ihnen verbringen, viel stehen, tanzen und dabei eine möglichst gute Figur abgeben. Es empfiehlt sich, neue Modelle vorher vorsichtig zu Hause einzutragen. Wenn Sie ein langes Brautkleid haben, können Sie bequem auf Absätze verzichten, da man wenig von den Schuhen sehen wird. Sollten Sie Absatzschuhe tragen wollen, denken Sie an den Ort Ihrer Hochzeit. Große Rasenflächen und holpriges Pflaster kollidieren mit schlanken Absätzen. Ersatzschuhe griffbereit zu haben ist eine beruhigende Absicherung. Diese Aufgabe kann an die Trauzeugin oder die Brautjungfern delegiert werden.

Achtung: Kaufen Sie Ihre Schuhe nicht zu klein, den einen oder anderen Millimeter Luft werden Sie an einem heißen Sommertag brauchen.

Früher bezahlten viele Bräute ihre Brautschuhe mit Pfennigen, die sie oft schon seit Jahren sammelten. Das Sammeln war ein Zeichen für Sparsamkeit und ließ hoffen, dass die Braut auch in der Ehe gut mit dem Geld würde haushalten können. Heute fragen Sie lieber vorher nett im Laden, ob Sie Ihre Kleingeldsammlung dort loswerden dürfen.

ETWAS ALTES, ETWAS NEUES, ETWAS GELIEHENES UND ETWAS BLAUES

Ein wunderschöner Brauch für die Braut, um ihre Familie, Mutter, Großmutter und Urgroßmutter mit in die Feierlichkeiten einzubeziehen.

ETWAS BLAUES, ETWAS NEUES:
Nirgendwo steht geschrieben, dass auch die Brautschuhe weiß sein müssen. Keine Sorge, Neues gibt es zur Hochzeit genug.

Internationale Bräuche spielen bei vielen Hochzeiten eine immer größere Rolle. Weit verbreitet ist zum Beispiel eine Sitte aus dem viktorianischen England, bei der die Braut etwas Altes, etwas Neues, etwas Geliehenes und etwas Blaues trägt. Der englische Spruch „Something old, something new, something borrowed, something blue, and a silver sixpence in your shoe", bezieht sich darauf sowie auf die Tradition, eine Sixpence-Münze in den linken Brautschuh zu legen. Ein geerbtes Schmuckstück, das mit der Vergangenheit der Braut zu tun hat, dient häufig als etwas „Altes". Das Brautkleid ist meist etwas „Neues". Etwas „Geliehenes" könnte ein Gegenstand sein, der einer anderen Braut bei deren Hochzeit bereits Glück gebracht hat, und etwas „Blaues" steht für Reinheit und Treue. Ein blaues Strumpfband ist besonders beliebt. Die Münze im Brautschuh soll übrigens Wohlstand und finanzielle Sorgenfreiheit bescheren. Falls Sie sich diesen schönen Brauch auch für Ihr Fest wünschen, schadet ein dezenter Hinweis an die Trauzeugin sicher nicht.

Und dann: Herzlichen Glückwunsch, wenn Sie Ihr Outfit für den großen Tag endlich zusammenhaben. Das härteste Stück Arbeit steht Ihnen aber nun bevor. Bis zum großen Tag müssen Sie Ihr Kleid nicht nur im Schrank verwahren, Sie sollten möglichst auch ein Geheimnis daraus machen – wenigstens gegenüber Ihrem Zukünftigen. Denn wenn Ihr Bräutigam Sie vor der Trauung darin sieht, könnte es Unglück bringen, so lautet jedenfalls ein alter Volksglaube. Um die Lösung der Verlobung durch den Bräutigam zu umgehen, sollten Sie sich nach alter Tradition am Hochzeitsmorgen lieber nicht begegnen. Dies ist aber eines der unwahrscheinlichsten Szenarien, die eintreten könnten. Also keine Sorge: Heutzutage sind die Vorfreude und der Überraschungseffekt der Hauptgrund, sich erst am Altar zu begegnen. Es gibt kaum einen emotionaleren Moment als den, wenn der aufgeregte Bräutigam seine Braut zum ersten Mal in ihrem Kleid auf ihn zuschreiten sieht. Das gilt gerade für kirchliche Trauungen. Da lohnt es sich, vorher die Zähne zusammenzubeißen und zu schweigen.

Something new

Something borrowed

Something old

Something blue

ETWAS ALTES:

In vielen Familien werden kostbare Unikate an die Braut weitergegeben

ETWAS GELIEHENES:

Mit klassischen Traditionen kann man heute gern auch etwas humorvoller umgehen

CHANEL

Der Brautstrauß –
Rosen oder Wildblumen,
streng gesteckt oder locker gebunden,
die Möglichkeiten für dieses Schmuckstück
sind schier unendlich.

Der Brautstrauß, egal wie Sie ihn gestalten lassen, ist ein beinahe unverzichtbares Accessoire. Blumen sind schon seit jeher ein Symbol des Lebens, der Zuneigung und der Liebe. Bereits in der Antike wurden Blüten genutzt, um die Götter der Fruchtbarkeit gnädig zu stimmen. Brautsträuße beinhalteten damals Rosmarin und Myrten, da diesen Pflanzen besondere Kräfte nachgesagt wurden. Rosmarin als heiliges Symbol der Liebe und Treue steht seit jeher für Erinnerung und Reinigung. Die Myrte wurde schon früh in Brautkränzen verwendet und symbolisierte Eheglück, Lebenskraft und Beständigkeit. Heutzutage ist die Rose die häufigste Brautstraußblume, auch sie ist schon lange Symbol der Liebe. Die griechische Mythologie besagt, dass Aphrodite, die Göttin der Liebe, mit einem weißen Rosenstrauch aus dem Meerschaum geboren wurde.

Welche Blumensorten, Farben und Formen Sie wählen sollten, hängt von der Jahreszeit und natürlich von Ihrem Outfit ab. Ein harmonisches Ergebnis lässt sich durch die farbliche und stilistische Abstimmung auf das Brautkleid und andere Accessoires wie Blumenkranz, Haar- oder Armschmuck und das Make-up sowie die Tisch- und Brautautodekoration erreichen.

Bei der Wahl der Blumen ist es sinnvoll, sich saisonaler Flora zu bedienen – auch um Mehrkosten, mögliche Lieferschwierigkeiten oder Minderqualität der Ware zu umgehen und somit nicht nur optisch das beste Ergebnis zu erlangen. Hierzu kann man selbst recherchieren oder den Floristen um passende Vorschläge bitten. Die Art des Arrangements bietet vielfältigste Möglichkeiten. Klassiker sind der rund gebundene Biedermeierstrauß und der Wasserfall, der seinen Namen seiner Form verdankt. Aber auch lockere, natürlichere Arrangements erfreuen sich zunehmender Beliebtheit. Man sollte darauf achten, keine gefärbten Elemente zu verwenden und bei der Verwendung von Blumen mit Staubgefäßen diese entfernen zu lassen, um unschöne Flecken auf dem Brautkleid zu vermeiden.

Der Bräutigam sucht traditionsgemäß die Blumen für seine Braut aus und bringt den Brautstrauß mit zur Hochzeit. Um diese schöne Tradition ohne Angst vor einem unpassenden Ergebnis respektieren zu können, darf man beispielsweise die zukünftige Schwiegermutter oder die Trauzeugin bitten, den Bräutigam zu unterstützen und ihm somit die Wünsche der Braut bei der Auswahl nahezulegen. Es ist Brauch, dass sich Braut und Bräutigam erst am Ort der Trauung sehen, daher wird der Brautstrauß meist vom Brautvater oder der Trauzeugin an die Braut übergeben.

Das Brautstrauß-Werfen während der Hochzeitsfeierlichkeiten ist zu einem der wichtigsten Ereignisse für alle ledigen, weiblichen Gäste geworden. Dabei wirft die Braut den Strauß über ihre Schulter in die wartende Menge der heiratswilligen Gäste, denn die Fängerin wird laut Prophezeiung die nächste Braut sein. Viele Bräute möchten ihren Brautstrauß aber als Erinnerung an ihren Hochzeitstag lieber selbst behalten. In diesem Fall kann man sich einen zweiten, meist kleineren Strauß anfertigen lassen, welchen der Bräutigam zusammen mit dem Brautstrauß besorgt. Während der Hochzeitszeremonie kann dieser auch als Schmuck für die Trauzeugin dienen. Wenn man den Brautstrauß als Andenken behalten möchte, sollte man ihn so bald wie möglich an den Stielen aufgehängt trocknen.

IM BLÜTENRAUSCH:
Ob vom Floristen oder der Wiese, der Brautstrauß sollte Ihren Auftritt passend unterstreichen

Das „Getting Ready"

Nehmen Sie sich am Tag der Hochzeit ausreichend Zeit, um Ruhe für die Vorbereitung zu haben. Ein gebuchter Stylist ist durch den üblichen und notwendigen Probetermin, bei dem man sich unbedingt die benötigte Zeit für das Styling merken sollte, zwar in der Regel sehr gut vorbereitet und sollte Frisur und Make-up in der dafür eingeplanten Zeit fertigstellen, Komplikationen oder Verzögerungen kann es aber immer geben. Überlegen Sie sich vorher, wen Sie gern kurz vor dem großen Abenteuer bei sich haben möchten. Geben Sie den Ausgewählten klare Anweisungen und lassen Sie die Menschen außen vor, die Sie eher verrückt machen und Ihre eigene Aufregung noch steigern. Kurz bevor es losgeht, ist es insgesamt ratsam, nicht zu viele Personen um die Braut herumschwirren zu haben. Gern wird bereits zum sogenannten „Getting Ready" Champagner oder Sekt gereicht. Hier ist allerdings Vorsicht geboten. Durch die große Aufregung und die für gewöhnlich eher kleine Mahlzeit vor der Zeremonie kann der Alkohol eine ungewohnt starke Wirkung entfalten. Und Sie wollen diesen, Ihren Moment in vollen Zügen genießen können.

Wichtig: Lassen Sie sich weder von Ihren Mitmenschen noch durch den Blick auf die Uhr verunsichern oder in Panik versetzen. Alle Menschen, die an Ihrem großen Tag teilnehmen, seien es Familie, Gäste oder Dienstleister, sind Ihretwegen da – um Sie zu feiern. Sie dürfen sich so viel Zeit lassen, wie Sie benötigen und möchten. Die Hauptsache ist, dass Sie sich wohl und bereit fühlen, wenn es losgeht, denn alle Augen werden nur auf Sie gerichtet sein. Das sollten Sie unbeschwert, selbstsicher und strahlend genießen können. Nur denken Sie auch an Ihren Sie freudig ersehnenden Bräutigam.

GROSSE AUFREGUNG: kurz vor dem Fest. Hier ist moralische und praktische Unterstützung gefragt

UND WAS TRÄGT DER BRÄUTIGAM?

Anzug ist eben nicht gleich Anzug.
Auch für den wichtigsten Mann des Tages
gibt es verschiedene Outfits zur Wahl.

DETAILS, DETAILS:
Klar, der Dresscode gibt
die Marschrichtung vor,
kleine witzige Details machen
Ihr Outfit persönlich und
besonders

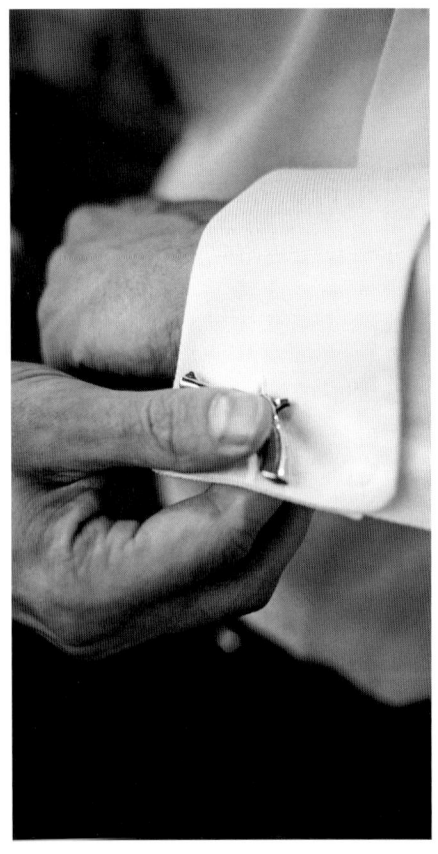

Bräute stehen ob der grenzenlosen Auswahl an Hochzeitskleidern oft vor einer fast unlösbaren Aufgabe, das perfekte Kleid aus dem Überangebot herauszufiltern. Doch auch der Bräutigam hat die Qual der Wahl. Anzüge gibt es in ebenso vielen Varianten, Farben und Formen wie Brautkleider. Wie soll man da nur den richtigen finden? Was für die Braut gilt, zählt für den Bräutigam in der Regel nicht, hier hat die zukünftige Gattin meist ein genaues Auge auf die Outfit-Wahl, damit am Ende auch alles zusammenpasst. Als beliebter Klassiker, mit dem man nichts falsch machen kann, gilt der dunkle Anzug. Bei weniger förmlichen Hochzeiten sind Kombinationen aus Hose und Blazer üblich. Der Cutaway ist der gehobene Klassiker für Trauung und Feier, übersetzt bedeutet er so viel wie „weggeschnitten". Das Modell stammt aus dem 19. Jahrhundert und hat sich aus dem traditionellen Gehrock des Adels entwickelt. Ursprünglich diente das Abschneiden der vorderen Anzugecken der Bewegungsfreiheit des Mannes beim Reiten. Der Cutaway, auch Morning Coat genannt, liegt mit seinem nostalgischen Look nicht nur absolut im beliebten Vintage-Trend, sondern ist ohne Frage die eleganteste Bekleidung des Mannes am Tage. Sein Gegenstück, der Frack, wird abends getragen. Traditionell besteht der Cutaway aus sogenannter Stresemannhose und Jackett mit Schößen. Dazu dürfen ein weißes oder farbiges Hemd, Weste – ein- oder zweireihig – und ein Schlips nach Wahl kombiniert werden. Auch ein Plastron kann getragen werden. Der Schuh ist matt. Anders als andere Anzüge ist der Cutaway immer einreihig mit einem schwarzen Knopf. Speziell für Hochzeiten hat sich vor allem der graue „Cut" durchgesetzt, denn viele Brautpaare bevorzugen besonders für die Trauung den helleren Ton statt klassischem Schwarz. Auch ein grauer Zylinder lässt sich wunderschön mit dem Cutaway kombinieren. Hier geht es wieder frei nach dem Motto „Cut wer hat, Mut zum Hut". Die Fliege zum Anzug – obwohl heutzutage gleichsam nostalgisch – gilt allerdings bei einem so traditionellen Hochzeitsoutfit wie dem Cutaway als Stilbruch. Bei absolut klassischen Hochzeiten trägt der Bräutigam einen aus Seide gefertigten Plastron, die Hochzeitsgäste kombinieren eine silbergraue Krawatte zum weißen Hemd. Der Cutaway ist ein Anzug für den Tag und nicht für den Abend. Wer in diesem Stile heiratet, wechselt ab 18 Uhr zu Smoking oder Frack. Dies gibt natürlich auch der Braut Gelegenheit, in ein zweites Hochzeitskleid oder Partykleid zu schlüpfen. Der Bräutigam, die Väter oder Lieblingsmänner des Paares sowie der Best Man tragen in der Regel ein Anstecksträußchen am Revers. Genannt wird es Boutonnière und zeigt, dass Mann zum Team Bräutigam gehört und eine wichtige Person für das Paar darstellt. Besonders schön und optisch harmonisch ist es, wenn sich Bestandteile und Farben des Brautstraußes in den Broschen wiederfinden.

STILFRAGE:

Wie extravagant
Sie sich kleiden
möchten, sollten
Sie gut überlegen.
Bleiben Sie
sich treu.

STILSICHER:

Klassische
Herren-
Accessoires
garantieren
den perfekten
Auftritt

DER BRÄUTIGAM

Ob mit
Unterstützung
Ihrer Trauzeugen
oder ohne,
*Sie sollten Ihr Outfit
in jedem Fall
mit der Braut
absprechen.*

1

2

3

1 UMKLEIDE: Gemeinsam
geht es schneller

2 PARTNERLOOK:
macht am Altar
ordentlich was her

3 DETAILVERLIEBT: Er trägt
eben nicht nur einen
schwarzen Anzug

4 DIE FRISUR SITZT:
Nicht nur die Damen
legen Wert auf den
perfekten Look

4

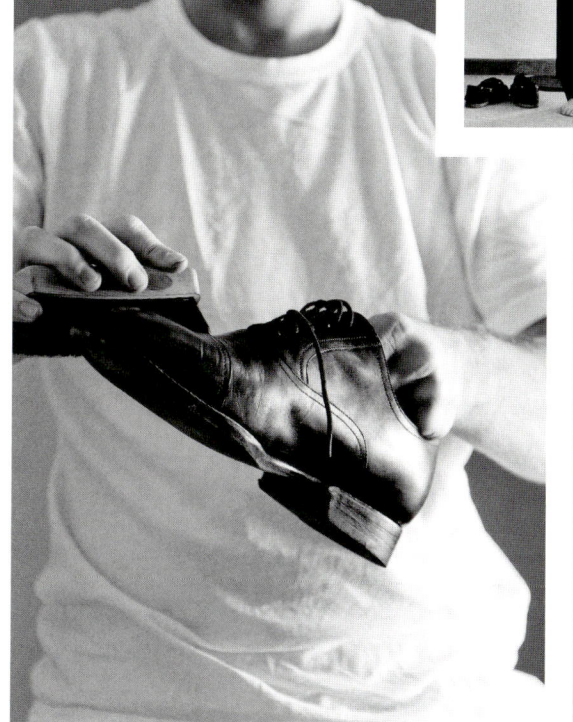

BLACK OR WHITE TIE?

Den Dresscode,
den Sie vorgeben,
sollten Sie auch
bis ins Detail
umsetzen.

1 HINTER DEN KULISSEN: ist Zeit für Männergespräche ...
2 ... und letzte Detailarbeiten   **3 KONZENTRIERT** geht es ans Werk, bis ...
4 ... der Look dann endlich stimmt

Die Brautjungfern
und *Best Men*

Entstanden ist die Tradition dieser Begleiter aus dem Wunsch, das Brautpaar vor – wie sollte es anders sein – bösen Geistern zu schützen. Darum sollten die Kleider der Brautjungfern eigentlich dem der Braut möglichst ähnlich sehen. Unfreundliche Dämonen wissen so nämlich nicht mehr, welche der Damen die Braut ist, und können kein Unheil stiften. Mit dem gleichen „Trick" schützen Brautführer und Best Men den Bräutigam. Heutzutage ist aus dieser Tradition allerdings eher eine Geschmacksfrage geworden. So entscheidet die Braut, was ihre Brautjungfern an ihrem Tag tragen sollen. Dabei sind drei Varianten üblich: Die einfachste Lösung ist, dass alle das gleiche Kleid bekommen. Wenn man aber jede einzelne von ihnen mit ihren persönlichen figürlichen Vorzügen respektieren möchte, empfiehlt es sich, unterschiedliche Varianten zu wählen. Die Brautjungfern bekommen entweder einen einheitlichen Kleiderschnitt aus unterschiedlichen Stoffen oder denselben Kleiderstoff, aus dem dann verschieden geschnittene Outfits gefertigt werden. Die Boutonnière ist auch eine Idee für Brautjungfern und ersetzt die klassischen Blumensträuße. Die beblümten Broschen sind günstiger und die Damen haben ihre Hände frei, wenn sie die Braut beispielsweise zum Altar begleiten.

EIN HOCH AUF FREUNDE:
Zusammen geht eben doch alles leichter von der Hand und es ist entspannter

UNSERE PARTY,
EURE PARTY

Mit den besten Freunden lässt sich auch am besten feiern. Schön, wenn man schon den Tag vorher oder nachher gemeinsam verbringen kann.

EIN UNVERGESSLICHER TAG:
für alle, die mit Ihnen
planen und feiern konnten

Und die Gäste?
Eine kleine
Stilfibel

Im Grunde ist es für die Gäste recht einfach, sich korrekt zu kleiden. Es gilt, sich nur an zwei Regeln zu halten: den Dresscode der Einladung befolgen und der Braut nicht die Show stehlen. Also kein Weiß oder Creme für die geladenen Damen. Mann kann mit einem dunklen Anzug eigentlich nichts falsch machen.

Frau wählt, falls kein Dresscode vorgegeben sein sollte, Cocktail- oder Abendkleid. Zu kirchlichen Trauungen sollte man nicht zu sexy erscheinen, bei kleinen Gesellschaften in der Regel nicht zu dramatisch. Ist man unsicher, fragt man am besten vorher noch einmal bei dem Brautpaar oder den Trauzeugen nach.

WAS BEDEUTET EIGENTLICH …?

Hier ein kleiner Dolmetscher
für übliche Hinweise
auf den Einladungskarten:

Festlich elegant:
dunkler Anzug und Cocktailkleid

Black Tie:
Smoking und Abendkleid

White Tie:
Frack und langes Abendkleid

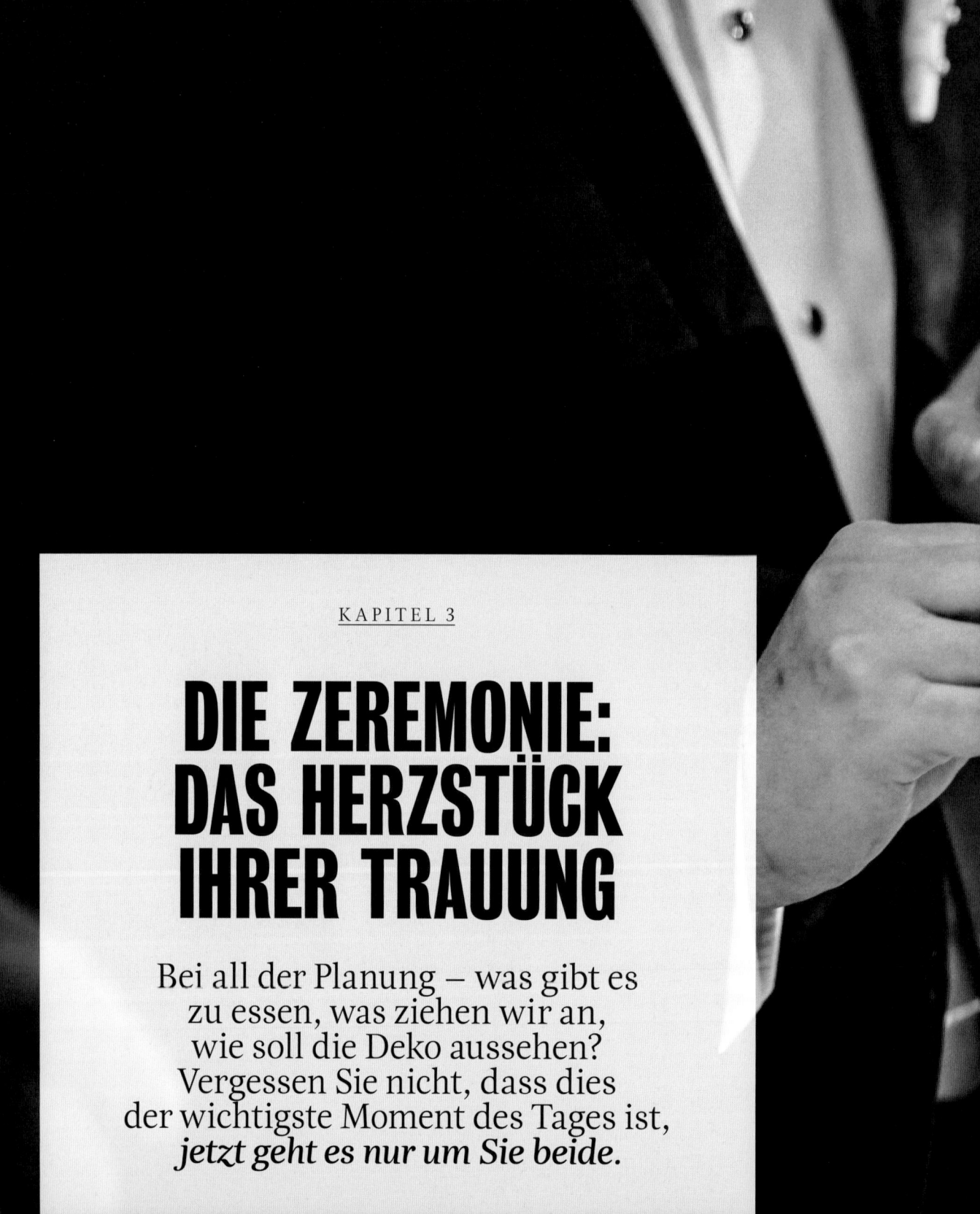

KAPITEL 3

DIE ZEREMONIE: DAS HERZSTÜCK IHRER TRAUUNG

Bei all der Planung – was gibt es zu essen, was ziehen wir an, wie soll die Deko aussehen? Vergessen Sie nicht, dass dies der wichtigste Moment des Tages ist, *jetzt geht es nur um Sie beide.*

Wenn von Hochzeit gesprochen wird, so sprechen die meisten eigentlich von einer Trauung. Die Trauung ist der wichtigste Moment einer Hochzeit, bei dem Hochzeitspaare – meist per Trau-ring – miteinander verbunden werden und „Ja" zueinander sagen. Diese Verbindung kann entweder vor Gott geschlossen werden (kirchliche Trauung) oder vor dem Staat (standesamtliche Trauung). Meist gönnt sich das glückliche Brautpaar beide Momente, zueinander „Ja" zu sagen und symbolisch die Ringe zu tauschen.

FREUDENTRÄNEN:
gibt es bei so einem Anlass zur Genüge, nett verpackte Hilfe wird dankende Hände finden

In vielen Ländern ermöglicht die „eingetragene Lebenspartnerschaft" gleichgeschlechtlichen Paaren, sich das Jawort zu geben. Dieser Status stellt beispielsweise bei schwulen oder lesbischen Paaren die rechtliche Absicherung ihrer Beziehung sicher und ist in verschiedenen, jedoch nicht allen Aspekten mit den Vorteilen der Ehe zwischen zwei-geschlechtlichen Paaren vergleichbar.

Heutzutage ist es Ihnen überlassen, ob Sie die kirchliche Trauung wirklich klassisch in einer Kirche vollziehen lassen wollen oder in Ihrer jeweiligen Wunschlocation. Hier sind Ihren Träumen keine Grenzen gesetzt. Verlegen Sie Ihre Trauung ins Freie, dekorieren Sie die Kirche nach Ihren Vorstellungen, gehen Sie zur Trauung baden oder auf den Berggipfel, an den Ort Ihres ersten Kusses oder springen Sie aus einem Flugzeug. Aber vor allem: Erfüllen Sie sich Ihren Traum. Wichtig ist lediglich, fairerweise – sollten Sie den Sprung aus dem Flugzeug wählen – Ihre Wünsche frühzeitig mit der Person, die Sie trauen soll, abzusprechen. Auch viele Kirchen zeigen sich heute sehr flexibel. Äußern Sie Ihre Wünsche einfach rechtzeitig. Selbst hinsichtlich einer Zugehörigkeit zu der Kirchengemeinde lassen sich heute vielfältige Lösungen finden.

DER VATER DER BRAUT:
ein emotionaler Moment und ein toller Auftritt
für Vater und Tochter

Eine weitere Option stellen freie Trauungen dar. Sie sind eine beliebte Alternative, sollte sich Ihre Kirche doch nicht derart flexibel zeigen wie soeben beschrieben. Bei einer freien Trauung lässt sich die gesamte symbolische Wirkung einer kirchlichen Trauung erzielen – auch ohne den Segen der Kirche. Errichten Sie sich einfach Ihre eigene Kirche und gestalten Sie alles ohne Einschränkungen genau nach Ihren Vorstellungen. Wenn Sie beispielsweise vor einem Altar heiraten wollen, so können Sie sich diesen Altar aufstellen, wo immer sie wollen – außer wahrscheinlich in einer Kirche. Suchen Sie sich einen freien Redner und schreiben Sie ihm vor, was Sie bei Ihrer Trauung von ihm hören wollen und wie er die Trauung zu vollziehen hat. Während Sie in einer Kirche immer von der Kirche und ihrer Einwilligung abhängig sind, so sind Sie im Dienstleistungsgeschäft einer freien Trauung vollkommen frei. Der freie Redner wird zu 99 % mit Ihnen aus dem Flugzeug springen, sollte dies wirklich Ihre Vorstellung Ihrer Trauung sein. Freie Trauungen gewinnen anhand der beschriebenen Vorzüge immer mehr an Beliebtheit. Die Individualität steht hier im Vordergrund. Nur offizielle Dokumente Ihres Treueschwurs erhalten Sie für Ihre freie Trauung nicht.

Eine Zeremonie, die nicht zu umgehen ist, wenn Sie ganz offiziell als Ehepaar zusammengehören wollen, ist die standesamtliche Trauung. Bei dieser Trauung dreht sich viel um ihren offiziellen bürokratischen Charakter. Da es in diesem Falle der Staat ist, der Ihre Ehe schließt, haben Sie nicht so viel Spielraum wie bei einer freien Trauung oder einer kirchlichen Trauung in einer flexiblen Kirche. Bei einer standesamtlichen Trauung ist es besonders wichtig, sich rechtzeitig nach den erforderlichen Originaldokumenten zu erkundigen, die Sie vorzulegen haben, um offiziell den Bund der Ehe eingehen zu dürfen und die hiermit einhergehenden Privilegien zu genießen. Dennoch muss die standesamtliche Trauung nicht so trocken und bürokratisch werden wie ein Besuch beim Meldeamt. Sie sind heute frei, Ihr Standesamt selbst zu wählen, und auch die Bestellung des Standesbeamten an Ihren Wunschort ist zum Teil möglich. Auch hier gilt allerdings, dass jeder Sonderwunsch natürlich Sonderaufwand in der Organisation bedeutet und frühzeitig eingeleitet werden sollte. Auch eine standesamtliche Trauung bietet viele Möglichkeiten, Sie sollten sich nur frühzeitig entscheiden, was Sie sich wie sehr wünschen, um den Rahmen des Aufwands, den sie einzugehen bereit sind, abstecken zu können. Was auch immer es sein sollte, beginnen Sie rechtzeitig mit der Planung Ihrer Trauung.

Wie Sie persönlich also den Bund fürs Leben besiegeln wollen, bleibt selbstverständlich ganz Ihnen überlassen. Möglich ist, wie Sie sehen, fast alles. Wichtig ist nur, dass Sie sich dabei wohlfühlen. Ganz gleich, ob Sie sich für eine kirchliche Trauung, standesamtliche Eheschließung, freie Zeremonie oder eingetragene Lebenspartnerschaft entscheiden.

GLAUBENSBEKENNTNIS:
Wie und wo auch immer Sie heiraten, klären Sie rechtzeitig, ob Ihre Vorstellungen umsetzbar sind.

CHECKLISTE FÜR EINEN REIBUNGSLOSEN ABLAUF

Hier ein paar nützliche Tipps
noch einmal zusammengefasst:

Kümmern Sie sich für alle Eheschließungen, ob kirchlich oder standesamtlich, rechtzeitig (mindestens sechs Monate vorher) um Ihren Wunschtermin. Gerade im Frühjahr und Sommer sind bestimmte Orte gern bis zu einem Jahr im Voraus ausgebucht.

Kümmern Sie sich rechtzeitig um alle notwendigen Unterlagen und Dokumente.

Achtung: Manche heirats-wichtigen Dokumente sind beglaubigte Kopien und haben eine Gültigkeit von genau sechs Monaten. Sobald Sie diese Dokumente haben, sollten Sie sie umgehend zu dem Standesamt Ihrer Wahl schicken, um einen Termin (der nicht weiter als sechs Monate entfernt sein darf) zu reservieren.

Fragen Sie an Ihrem Wunschort für das Fest immer auch gleich nach möglichen Kirchen oder Plätzen, an denen die Trauung stattfinden könnte, und bei wem Sie diese reservieren können. Es wäre zu schade, wenn Sie ein teures Anwesen für die Feier bezahlen und die Kirchen im Umland nicht verfügbar sind.

Manche Kirchen und Ämter, vor allem in ländlichen Gegenden oder im Ausland, trauen nur ortsansässige Paare oder verlangen eine Gebühr für die Nutzung der Kirche. Wieder andere erlauben zwar die Nutzung, stellen aber keinen Priester oder Geistlichen. Man sollte sich also unbedingt im Vorfeld nach den örtlichen Regeln und Gepflogenheiten erkundigen.

Fragen Sie nach Möglichkeiten der musikalischen Umrahmung: Kann die Kirchenorgel einbezogen werden, ist sie gestimmt? Gibt es einen ansässigen Chor? Darf Musik mitgebracht werden?

Erkundigen Sie sich sicherheitshalber nach Renovierungsarbeiten, Anschlussterminen und allen anderen Dingen, die Ihr Fest stören könnten.

Darf eine Dekoration an Bänke und Stühle befestigt werden, gibt es Vorgaben oder Verbote?

Kleines Detail
mit großer Bedeutung:
der Ehering

Die kleinste, aber beinahe wichtigste und kostbarste Sache rund um die Eheschließung ist die Frage nach den Ringen. Sind sie es doch, die diesen Tag besiegeln und von da an als deutlich sichtbares Zeichen täglich die Hand zieren. Der Satz „Drum prüfe, wer sich ewig bindet" gilt also nicht nur für den Partner, sondern auch für dieses ganz besondere Schmuckstück.

Die „Unendlichkeit" des Ringes, er hat weder Anfang noch Ende, unterstützt seine magische Symbolik. Der Ring war jedoch nicht immer Teil der Eheschließung. Bei den alten Römern überreichten die Herren ihren Bräuten zunächst ihre Schlüssel an Metallringen. Seit die Verlobung als Brauch populär wurde, sind auch Ringe mehr und mehr zum festen Bestandteil der Hochzeitszeremonie geworden, denn schon im Mittelalter besiegelte der Ringtausch die Verlobung und das Bekenntnis zueinander. Mit der Zeit hat die Verlobung an Wichtigkeit verloren und der Ringtausch wurde zum Teil der kirchlichen und standes–amtlichen Trauungszeremonie. Obwohl der Tausch der Ringe nicht rechtlicher, sondern eher symbolischer Natur ist, stellt er doch ein bindendes Versprechen zwischen den Beteiligten dar. Neben den klassischen Eheringen ist es in vielen Ländern üblich, der Herzensdame zur Verlobung einen Ring zu schenken. Den Verlobungsring trägt frau üblicherweise bis zur Eheschließung am linken Ringfinger und steckt ihn nach der Trauung an die rechte Hand um. Je nach Kulturkreis werden die Eheringe aber auch an der linken, der dem Herzen näheren Hand, getragen – auch hier mit oder ohne Verlobungsring als sogenannten „Vorsteckring". Als klassischste Variante des Verlobungsringes hat sich der Diamant-Solitär als Symbol für unsterbliche Liebe und Glück durchgesetzt. Glücklich sind die Damen, die einen solchen ihr Eigen nennen können.

Bei der Wahl der Ringe sind Ihrer Fantasie keine Grenzen gesetzt: Gold, Silber, Platin oder Titan, glänzend oder mattiert, mit oder ohne Stein. Sie können die Ringe beim Juwelier Ihres Vertrauens aussuchen, speziell anfertigen lassen oder ganz individuell sogar selbst schmieden. Auch hier gilt: Genießen Sie diesen besonderen Anlass. Verabreden Sie sich mit dem Partner, ganz ohne Hektik, am besten lassen Sie sich auch beim Juwelier einen Termin geben, um wirklich in Ruhe stöbern, probieren und überlegen zu können. Wenn kein Modell dabei ist, das Ihnen gefällt, kaufen Sie nicht. Wenn Sie sich nicht sicher sind, überschlafen Sie die Entscheidung. Kein Händler, der etwas auf sich hält, wird Sie hier zu einer vorschnellen Entscheidung drängen. Wählen Sie sorgfältig und bewusst aus, nur so macht das Schmuckstück lange Freude.

RINGKAUF

Hier ein paar Fragen und Tipps zum Kauf:

Welches Material soll es sein,
wie pflegeintensiv darf es sein?

Wie hoch ist Ihr Budget? Am besten, Sie klären das
schon gemeinsam, bevor Sie beim Juwelier sind.

Bietet der Händler Zertifikate und Service
(Reinigung, Größenänderung etc.) an?

Fragen Sie nach Warte- und Vorlaufzeiten!
Nicht jeder Juwelier führt jede Größe.
Gerade im Frühjahr kann es zu Wartezeiten kommen.

Wünschen Sie eine persönliche Gravur?
Auch diese braucht Zeit und muss
bis zur Hochzeit fertiggestellt werden.

Das Hochzeitsgefährt

GUT MOTORISIERT:
ist halb geheiratet
und der erste Auftritt
in jedem Fall eine kleine
Show wert

Das Hochzeitsgefährt ist bei den meisten Hochzeiten ein bedeutender Bestandteil der Ausstattung. Vom Brautvater, einem Chauffeur, dem Best Man oder dem Bräutigam selbst gefahren, ob Kutsche, Trecker, Oldtimer oder Fahrrad – auch wenn Sie Ihre Braut in der Schubkarre zum Empfang schieben möchten, die Dekoration darf nicht fehlen. Ganz gleich, ob mit einem „Just Married"-Schild, Dosen, Schuhen, Blumenschmuck oder allem gemeinsam verziert. Die klassischen Dosen und Schuhe sollen Geister und Armut von dem Paar fernhalten. Alle erfreuen sich besonders an Autos, die hupend und beladen mit strahlenden frisch Vermählten und deren Freunden und Familien vorbeifahren. In manchen Gegenden sind Dosen oder große Gestecke auf den Motorhauben aus Sicherheitsgründen nicht erlaubt. In diesen Fällen eignet sich ein an den Stoßstangen befestigter Schmuck. Gerade bei geliehenen Autos bleibt so der Lack unbeschädigt und die Wirkung ist ebenso groß. Sie könnten auch kleine Schleifen für die Gäste vorbereiten, die diese nach der Trauung an ihren Autos befestigen.

1 Kurz vor dem großen Auftritt   **2** Klassischer geht es nicht   **3** Mit etwas Witz geht es aber auch   **4** Um den Schmuck kann sich keiner drücken ...   **5** ... außer, er fährt öffentlich

KAPITEL 4

DAS GROSSE FEST

Bräuche, Musik und Reden: alles, was die Stimmung zum Überkochen bringt

Für dich soll's *rote Rosen* regnen

Das Brautpaar wird beim Verlassen des Standesamtes oder der Kirche traditionsgemäß mit Reis beworfen, dieser soll Glück und Fruchtbarkeit bringen. Sollten Sie empfindlich sein, was die Frisur angeht, geben Sie bitte rechtzeitig den Trauzeugen Bescheid, denn die kleinen Körner begleiten Sie hartnäckig durch den Tag. Wem es widerstrebt, mit Lebensmitteln um sich zu werfen, nimmt einfach buntes oder weißes Konfetti oder Rosenblätter oder verzichtet ganz auf diesen Brauch. Wenn Sie mögen, könnten Ihre Hochzeitsgäste ein Spalier bilden – aus Rosen, Skiern, Fußbällen oder was auch immer von besonderer Bedeutung für Sie ist.

EINEN BAUM PFLANZEN

*Viele Ehepaare pflanzen noch am Tag der Trauung
gemeinsam einen Baum. Einerseits soll die gemeinsame
„Arbeit" dabei die Verbundenheit ausdrücken, andererseits
sind der Baum und sein Wachstum ein Symbol für
das Wachsen und Gedeihen der Ehe. Verschiedene Bäume
haben dabei auch verschiedene Bedeutungen:*

Die Eiche

*symbolisiert die Dauerhaftigkeit der Ehe. Die Eiche
ist einer der stärksten Bäume, er trotzt Wind und Wetter.
Genauso soll auch die Ehe unbeschadet bleiben.*

Die Weide

*dagegen steht für Zauber und Poesie in der Ehe, da sie
schon viele Dichter zu Liebesgedichten inspiriert hat.
Früher glaubte man, die Zweige der Weide seien
ein gutes Mittel gegen Eifersucht.*

Lebensbaum

*– unter diesem Namen ist die Eberesche,
auch Vogelbeerbaum, bekannt. Sie steht
für ein langes gemeinsames Leben.*

HOCHZEITSBRÄUCHE

*Verschiedene Länder,
verschiedene Sitten.*
Fast jede Nationalität hat
ihre eigenen Hochzeits-
traditionen, was aber nicht
bedeutet, dass man sich
nicht daran bedienen darf.

1

3

2

4

1 Ballons sind leider
nicht an jeder Location
erlaubt **2** Bei Gruppen-
fotos dürfen Sie und
der Fotograf kreativ
werden **3** Jede Kultur
hat ihre eigenen
Hochzeitsbräuche
4 Nicht alle Spiele
machen gleich viel Spaß

1 Das zerbrochen Glas ist eine jüdische Tradition
2 Gemeinsam Sand füllt man in den USA
3 Aber Hochzeitstorte schneidet und probiert man überall gemeinsam

DER HOCHZEITSTANZ

Traditionell tanzt das Brautpaar einen Hochzeitswalzer. Heutzutage suchen sich Paare aber auch ihre ganz persönlichen Lieder aus, welche sie dann auch zum beliebten Crash-Tanzkurs mitbringen sollten, damit der erfahrene Profi dem Paar in den richtigen Takt helfen kann. Eine der schönsten Varianten für den Hochzeitstanz bleibt aber wohl ein von musikalischen Geschwistern und Freunden live gespielter Walzer, was eine bezaubernde Überraschung ist.

MUSIK UND TANZ

Keine Party ohne Musik – dies gilt auch für die Hochzeit. Aber welche Musik? Band oder DJ?
Rock oder Jazz? Stellen Sie sich wieder Ihr Fest vor. Zu welcher Musik wollen Sie tanzen?
Welche Art Fest wollen Sie an Ihrem großen Tag feiern? Gestalten Sie es dementsprechend.
Ob Sie sehr musikaffin sind oder nicht – nichts hindert Sie daran, dem DJ vorzuschreiben,
welche Lieder oder welche Art Musik er spielen soll. Lenken Sie die Musik in Ihre Richtung.
Es ist Ihr Fest, Ihr großer Tag. Hier ist alles erlaubt. An ein paar Punkte sollten Sie denken:

Eine Band macht richtig Stimmung und kann die Gäste auf einzigartige Weise
zum Feiern motivieren. Allerdings haben viele Bands ein festes Repertoire,
spontane Wunschlieder oder Stimmungsbandbreiten sind eher schwer umzusetzen.

Gute Bands sind lange im Voraus ausgebucht und nicht günstig, berechnen Sie An- und Abreise,
Verpflegung für die ganze Mannschaft, Transport von Equipment, evtl. Übernachtung,
klären Sie die technischen Voraussetzungen vor Ort.

Musiker machen deutlich früher Feierabend als ein DJ. Ein ganz praktischer Grund:
Die Stimmbänder machen irgendwann schlapp.

Ein DJ wirkt bei Weitem nicht so beeindruckend wie eine Band,
ist in der Regel aber um einiges günstiger und länger für Sie im Einsatz.

Klären Sie im Vorfeld Musikrichtung, No-Gos und absolute Wunschlieder.
Ob Gäste sich Lieder wünschen dürfen und sollen, entscheiden Sie.

Stimmen Sie auf jeden Fall den Hochzeitstanz mit Musikern oder DJ ab.

Besprechen Sie die Stimmung, die Sie sich wünschen.
Die Musik steuert ganz maßgeblich die Ausgelassenheit der Gäste.

Denken Sie an sehr junge und sehr alte Gäste. Es ist eine schöne Geste,
am frühen Abend ein für alle passendes Musikprogramm zu spielen.

Vernetzen Sie Ihre Trauzeugen mit den Musikern. In der Regel haben Ihre Freunde
ab einem bestimmten Zeitpunkt einen besseren Überblick über geplante Einlagen
und Programmpunkte. Es macht Sinn, sich darüber mit den Musikern auszutauschen.

LET'S GET THE PARTY STARTED:
Ob DJ oder Band, wer auch immer
für die musikalische Unterhaltung sorgt,
sollte vorab wissen, welche Musikrichtung
Sie hören wollen

PROGRAMM UND UNTERHALTUNG

Die Stimmung kommt von ganz alleine – ja, das mag sein. Aber wenn Sie auf Nummer sicher gehen wollen, finden Sie hier ein paar nützliche Tipps.

Um das leibliche Wohl Ihrer Gäste haben Sie sich ja nun erfolgreich gekümmert und einem rauschenden Fest steht nichts mehr im Wege. Die schöne Nachricht an dieser Stelle: Für die Unterhaltung sind Sie nicht alleine verantwortlich. Viele Ihrer Freunde, Gäste und natürlich die Familie werden ihren Teil zum Programm beisteuern wollen. Hier sollten Sie so frei wie möglich und so bestimmt wie nötig sein, damit das Fest auch Ihr Fest bleibt. Briefen Sie vorab Trauzeugen und Verantwortliche über Spiele, die Ihnen eine Freude machen, und Einlagen, die Sie weniger gern hätten. Es ist dann die Aufgabe Ihrer Lieben, dafür zu sorgen, dass Sie bekommen, was Sie wollen, und unterschiedliche Gäste nicht aus Unwissenheit gleiche Beiträge vorbereiten. Sie dürfen sich an dieser Stelle auf viele schöne Überraschungen freuen. Hier ein paar Programmpunkte, die Gäste üblicherweise für Hochzeiten vorbereiten:

SPIEL, SPASS UND SPANNUNG: Sicher werden Ihre Gäste viel Rahmenprogramm organisieren, aber auch Sie dürfen aktiv werden – eine Photo Booth zum Beispiel sorgt immer für Lacher und schöne Erinnerungen

Eine Rede,
eine Rede

SCHÖNE WORTE:
Die Reden gehören zum Fest wie
der Ringtausch, aber klären Sie
mit den Trauzeugen, wer wann
und wie lange sprechen soll

Ob Sie wollen oder nicht, es wird sich nicht vermeiden lassen, dass einige liebe Menschen auf Ihrer Hochzeit zu Ihnen sprechen möchten. Weisen Sie schon in der Einladung darauf hin, dass Reden bitte mit den Trauzeugen abzustimmen sind. Diese sollten die Redezeiten dringend vorher mit dem Caterer abstimmen, um hier einen reibungslosen Ablauf sicherzustellen. Auch sollten die Redner charmant gebeten werden, sich nicht allzu lang zu fassen. So wichtig und schön Reden auch sind, dies ist ein Fest und die Feier selbst darf nicht zu kurz kommen. Außerdem können lange Reden die Stimmung drücken. Nutzen Sie hier Ihr Fingerspitzen- und Bauchgefühl. Sehr ausgedehnte Ansprachen können schnell für Langeweile unter den Gästen sorgen. Nur sehr wenige Reden sind so gut, dass sie lang sein können. Oder anders: Die besten Reden sind kurz und bündig.

Klassischerweise beginnen die Väter mit den Reden. Erfahrungsgemäß ist der Auftritt des Trauzeugen oft am amüsantesten für die Gäste. Daher sollte dieser zum Schluss kommen, um die Stimmung vor der eigentlichen Feier auf den Siedepunkt zu bringen. Das Essen endet in fröhlicher Stimmung und am Ende der Rede kann gleich charmant das Ende des Essens und der nächste Programmpunkt, meist der Hochzeitstanz, eingeläutet werden. Normalerweise empfiehlt es sich, ein Mikrofon zum Einsatz zu bringen, damit die Redner verstanden werden und auch sonstige Ansagen nicht untergehen. Mikrofon-Checks sollten auf jeden Fall vorab durchgeführt werden, da es sonst zu Unstimmigkeiten mit der Musikanlage kommen kann. Kaum etwas stört die Romantik schöner Worte so sehr wie das typische Pfeifen der Rückkopplung eines Mikrofons.

Kleine Geschenke erhalten die Freundschaft:
Geschenke und Andenken für Ihre Gäste

Leider kann man eine Sache beim Thema Heiraten nicht ändern: Dieser Tag geht einfach viel zu schnell vorbei. Ehe man sich versieht, ist alles auch schon wieder vorüber. Der Kuchen gegessen, die Nacht durchtanzt und alle Gäste verabschiedet. Was bleibt, sind neben dem tollen Partner an Ihrer Seite viele schöne Erinnerungen an wunderbare Momente. Damit Sie und in diesem Falle auch Ihre Gäste möglichst lange etwas davon haben, sind hier ein paar Ideen, mit denen Sie Ihre Hochzeit in den Köpfen der Liebsten ein wenig verlängern können.

Das Gastgeschenk

An ein gelungenes Hochzeitfest erinnert sich jeder gerne, besonders wenn man ein schönes Andenken mit nach Hause nehmen darf. Mit einer kleinen Aufmerksamkeit, die auf den Sitzplätzen oder neben dem Gedeck auf die Gäste wartet, erreichen Sie eine große Wirkung. Sie vermehren die Freude der Gäste und können durch unbegrenzte Auswahlmöglichkeiten sogar einen praktischen Mehrwert für Ihr Fest erzielen. Traditionell ist das Verschenken fünf gezuckerter Mandeln Brauch. Dieses Brauchtum stammt aus der Zeit des Sonnenkönigs Ludwig XIV. An den Höfen wurde die Süßigkeit meist in wertvollen Aufbewahrungsgefäßen aus Gold, Silber oder Kristall verschenkt. Abseits des Hofes behalf man sich mit einer günstigeren Variante, indem man Stücke aus dem Stoff des Brautkleides schnitt, die Mandeln damit umwickelte und mit Blumen verzierte. Aktuell werden Hochzeitsmandeln als Geschenk für Gäste immer beliebter. Besonders in Griechenland und Italien haben sie eine große Bedeutung. Sie sind inzwischen in vielen Farben und Schmuckverpackungen erhältlich. Am gängigsten sind fünf weiße Mandeln in einem weißen Organza-Säckchen. Mandeln sind ein Symbol für das Leben, welches süß, aber genauso bitter sein kann, daher werden die leicht bitteren Mandeln mit Zucker überzogen. Fünf Hochzeitsmandeln werden verschenkt, weil jede für etwas steht, das dem Brautpaar beschert sein soll: Gesundheit, Wohlstand, Glück, Fruchtbarkeit und ein langes Leben. Heutzutage wählt man einfach aus, was einem am besten gefällt. Bei heißen Temperaturen sind beispielsweise Fächer eine gute Wahl. Auch das Bereitstellen einfacher Badelatschen oder Espadrilles für müde Füße kann zum Gelingen des Tanzfestes einen großen Beitrag leisten, da viele weibliche Gäste ab einer gewissen Uhrzeit nur zu gern ihre oft unbequemen Absatzschuhe abstreifen möchten. Beliebt sind Armbänder für die Damen, Einstecktücher, Buttons und Zigarren für die Herren. Eine nette Geste und besonders erfreuliche Idee ist es, „Hangover-Bags" zu packen. Diese können bereits in den Unterkünften auf die Gäste warten, oder Sie stellen sie auf einen Extratisch, je nach Größe auch an den Sitzplatz der Gäste. Kopfschmerztabletten, das klassische Nachdurstgetränk, ein Blasenpflaster oder ein kleiner Lipbalm machen viel Freude. Lippenpflegestifte oder Schokoladenlinsen können Sie beispielsweise auch personalisiert bestellen und mit Ihrem Hochzeitsdatum oder Konterfei bedrucken lassen. Bedruckte Wäscheklammern oder die Serviette, mit dem Namen des Gastes bestickt, können gleichzeitig als Tischkarte fungieren. Werden Sie hier einfach kreativ, die Gäste werden sich in jedem Fall sehr über ein kleines Andenken freuen.

KLEINE ANDENKEN:
Das Gastgeschenk muss nicht teuer sein, es sollte eine persönliche Erinnerung an Ihr Fest sein. Am besten, es passt zum Gesamtmotto

Die
Hochzeitsfotos

Wenn Sie einen Hochzeitsfotografen engagieren, sollten Sie vorher genau klären, welche Motive wann und wo aufgenommen werden sollen. Viele Paare treffen sich bereits vor der Zeremonie, um die Fotos in Ruhe aufnehmen zu können, ohne dass die Gratulanten warten müssen oder man große Teile seines eigenen Hochzeitstages im Kreise der Gäste verpasst. Wichtig für alle Belange der Hochzeit ist auch hier: Wenn das Brautpaar nirgends zu sehen ist – weder auf dem Empfang noch beim Essen oder beim Tanz –, steht die Hochzeit und somit die Stimmung still. Findet die Trauung mittags statt, mit nachmittäglicher Pause bis zum Abendprogramm, empfiehlt es sich, die Fotoaufnahmen auf diese Leerlaufphase zu legen.

Ein professioneller Fotograf begleitet das Brautpaar durch den Tag und Abend und hat natürlich einen anderen Blick auf die Feier als Ihre Gäste. Wer das Fest auch aus deren Blickwinkel erleben will, verteilt Einwegkameras auf den Tischen oder stellt eine Photo Booth auf. Hier können die Gäste kreativ werden und es entstehen unvergessliche Momente. Im Zeitalter des Internets und der Smartphones können Sie natürlich auch einfach einen persönlichen Hashtag generieren. Aber Achtung, diese Bilder sind dann im Netz für jedermann zugänglich. Wie viel Öffentlichkeit Sie möchten, sollten Sie sich vorher überlegen.

GÄSTEBUCH UND VIDEO

Ja, man findet es auf jeder Hochzeit und es ist nicht die originellste Idee, aber: *Es ist einfach wunderbar, Jahre später die Botschaften von Freunden und Familie zu lesen oder zu sehen.*

Bei einer größeren Festgesellschaft lohnt sich ein Gästebuch. Wer Kosten und Aufwand nicht scheut, kann als besondere Attraktion eine Kamera mit Selbstauslöserfunktion vor einer Fotowand am Eingang zu den Festräumen bereitstellen. Hieran kann sogar ein Fotodrucker angeschlossen sein, der die Fotos der Gäste direkt ausdruckt. Diese können dann mit persönlicher Widmung direkt im Gästebuch befestigt werden.

Als einer der größten Tage Ihres gemeinsamen Lebens wird die Hochzeit sowieso für immer einen Platz in Ihrem Herzen finden. Sie werden Ihre Erinnerungen regelmäßig abrufen, schlicht um wieder die wundervolle Atmosphäre und das einhergehende Glücksgefühl in sich hervorzurufen. Um neben den obligatorischen Hochzeitsfotos auf eine ganz besondere Erinnerung zurückgreifen zu können, sollten Sie überlegen, ob Sie zusätzlich ein Video von Ihrer Hochzeit aufnehmen lassen möchten. Durch ein Hochzeitsvideo können Sie im Nachhinein immer wieder in Ihr Fest eintauchen. Es gibt die Atmosphäre durch Geräusche und bewegte Bilder noch einmal anders wieder als die im Vergleich doch oft statisch anmutenden Fotos. So ermöglicht einem ein Video, sein Hochzeitsfest immer wieder zu genießen. Auch erlaubt einem ein Video, Szenen seiner Hochzeit erstmalig zu entdecken, die man während des Festes und in der Aufregung nicht mitbekommen hat, da man schlichtweg nicht immer überall anwesend sein konnte. Ein Hochzeitsvideo ist ein dynamisches Mittel, um seine Hochzeit bei Bedarf jederzeit mit jedem immer wieder teilen zu können. Stellen Sie sich vor, Ihre Kinder oder später möglicherweise sogar Enkelkinder fragen Sie irgendwann nach Ihrer Hochzeit, und Sie haben die Möglichkeit, Ihre Erzählungen mit der Wiedergabe des Videos zu untermalen. Sie sowie alle Zuschauer können in den Moment Ihrer Hochzeit eintauchen.

Ab in die Flitterwochen ...

Ob Sie nun während Ihre Gäste noch feiern abreisen oder erst drei Wochen später, die Flitterwochen sind einer der großen Höhepunkte Ihrer Heirat und sie bieten die Gelegenheit abzuschalten, die Ereignisse Revue passieren zu lassen und die Zeit zu zweit voll auszukosten.

Fotonachweise

Cover
Vorne: Daniela Reske
Hinten: Daniela Reske (oben), Birgit Hart (links), Schelke Bonnetsmüller (rechts)

Schelke Bonnetsmüller
S. 5, S. 12 (unten), S. 21 (unten), S. 22 (Mitte links), S. 38–39, S. 51 (oben rechts), S. 86, S. 114 (oben und unten),
S. 115 (oben und Mitte), S. 121 (unten), S. 126 (oben), S. 132 (links), S. 135 (oben und unten), S. 136–139, S. 154, S. 159

Amélie Cremer & Carina von Bülow, www.lionellavonbuelow.com
S. 51 (Mitte links), S. 157

Birgit Hart Fotografie | weddings | portraits | lifestyle | www.birgithart.com
S. 16 (unten), S. 22 (oben und unten), S. 23 (oben rechts und Mitte links), S. 32 (unten), S. 34 (oben), S. 35, S. 36–37,
S. 40 (unten links), S. 48 (oben), S. 49 (oben und unten links), S. 50 (oben), S. 51 (unten rechts und unten links),
S. 52 (links), S. 56–59, S. 61 (unten), S. 64 (oben und Mitte), S. 65 (oben rechts), S. 68–69, S. 70 (Mitte und unten),
S. 71, S. 72 (oben links, oben rechts, Mitte, unten links und unten rechts), S. 73, S. 74 (unten links), S. 76 (rechts),
S. 77 (unten), S. 80–81, S. 82, S. 83 (oben), S. 91 (oben rechts), S. 92 (unten links), S. 93 (oben), S. 100–101, S. 102 (oben),
S. 103 (oben), S. 105 (oben), S. 114 (Mitte), S. 121 (unten links), S. 126 (unten), S. 149 (unten links), S. 150 (Mitte), S. 151 (oben)

Jan-Peter Heuer
S. 30–31, S. 40 (Mitte rechts)

Shanna Jones Photography, www.shannajones.com
S. 2–3, S. 8–9, S. 12 (oben), S. 40 (oben und unten rechts), S. 42–43, S. 44 (unten), S. 61 (oben), S. 78–79,
S. 94–95, S. 103 (unten rechts), S. 106–107, S. 110–111, S. 113 (oben rechts), S. 122, S. 135 (Mitte rechts),
S. 142 (Mitte rechts), S. 151 (Mitte)

Justine Kang Photography
S. 23 (Mitte rechts und unten), S. 34 (unten), S. 44 (oben), S. 45, S. 60, S. 63, S. 115 (unten), S. 120 (oben),
S. 124–125, S. 128, S. 133 (unten), S. 135 (Mitte links), S. 143, S. 147 (unten), S. 152, S. 153 (Mitte)

Todd Laffler, www.lafflerphotography.com
S. 50 (unten), S. 130–131, S. 133 (oben), S. 142 (unten links), S. 150 (oben), S. 155 (links)

Patrycia Lukas Photography
S. 13, S. 17–19, S. 24, S. 53 (links), S. 74 (unten rechts), S. 91 (unten), S. 113 (oben links), S. 116 (oben), S. 117–119,
S. 121 (oben), S. 123 (unten), S. 127, S. 132 (oben), S. 134 (unten), S. 146, S. 149 (unten rechts), S. 150 (unten), S. 151 (unten), S. 156

Roland Michels, www.rolandmichels.de
S. 6–7, S. 14–15, S. 20, S. 25, S. 26–29, S. 41 (oben und unten), S. 49 (unten rechts), S. 51 (oben links),
S. 52 (Mitte rechts), S. 53 (Mitte rechts), S. 59, S. 62 (Mitte), S. 66, S. 72 (oben Mitte und unten Mitte), S. 76 (oben),
S. 88–89, S. 91 (oben links), S. 105 (unten), S. 108 (oben und Mitte), S. 109, S. 112, S. 113 (unten rechts), S. 116 (unten),
S. 120 (unten), S. 121 (Mitte), S. 123 (oben), S. 129, S. 134 (oben), S. 142 (Mitte links), S. 153 (unten)

Daniela Reske Fotografie, www.danielareske.de
S. 1, S. 10, S. 16 (oben und Mitte), S. 21 (oben), S. 22 (Mitte rechts), S. 23 (oben links), S. 32 (oben), S. 33, S. 37, S. 40 (Mitte links),
S. 41 (links), S. 46–47, S. 48 (unten), S. 51 (unten Mitte), S. 52 (oben und unten rechts), S. 53 (oben rechts), S. 54–55,
S. 62 (oben und unten), S. 64 (unten), S. 65 (oben), S. 67, S. 70 (oben), S. 74–75 (oben), S. 77 (oben), S. 83 (unten), S. 85, S. 87, S. 90,
S. 92 (oben, unten Mitte und unten rechts), S. 96–99, S. 102 (unten), S. 103 (unten links), S. 104, S. 108 (unten), S. 113 (unten links),
S. 126 (Mitte), S. 140–141, S. 142 (oben und unten rechts), S. 144–145, S. 147 (oben), S. 149 (oben), S. 153 (oben), S. 155

iStock Photo
S. 11, S. 134 (Mitte), S. 141 (unten)

Danksagung

Die Gestaltung dieses Buches erfüllte uns mit großer Freude und bescherte uns eine wundervolle
und emotionale Zeit inmitten von Blumen, Bräuten, Tüll und Fantasie.

Wir möchten uns bei unserer Familie bedanken:
Im Besonderen bei unseren Eltern und unserem Ehemann bzw. Schwager Anthony, die uns jederzeit mit großem Engagement geholfen haben.
Außerdem danken wir auch Leonie Thelen mit Sophia, Alice Menke mit Linda und Amber, Kim und Jan-Peter Heuer.

Dank gilt weiterhin unseren Freunden und Unterstützern:
Geraldine Calis-Laprell mit Greta, Stella Reinke, Genia-Maria Karasek, Anne-Luise Hörr, Tanja Janta und Oleg Justus,
Nofretete Galliard, Anjuta Buchholz, Ann-Kathrin Barthel, Teresa Prinzessin zu Sayn-Wittgenstein-Berleburg,
Zoe Schlemmer und Tanniløtta Heisler, sowie der Heaven's Gate Interior GmbH.

Texte *Amélie Cremer & Carina von Bülow*
Art Direction *Patrycia Lukas*
Design *Saskia Ballhausen*
Layout & Reinzeichnung *Sophie Franke & Christin Steirat*
Redaktion *Regine Freyberg & Nadine Weinhold*
Lektorat *Hanna Lemke & Nadine Weinhold*
Herstellung *Dieter Haberzettl*
Bildredaktion *Regine Freyberg*
Bildbearbeitung *David Burghardt*

Deutsche Ausgabe *ISBN 978-3-8327-3316-2*

Printed in the Czech Republic.

Bibliografische Information der Deutschen Nationalbibliothek
Die Deutsche Nationalbibliothek verzeichnet diese Publikation in der
Deutschen Nationalbibliografie; detaillierte bibliografische Daten sind
im Internet über http://dnb.d-nb.de abrufbar.

Published by teNeues Publishing Group

teNeues Media GmbH + Co. KG
Am Selder 37, 47906 Kempen, Germany
Phone: +49-(0)2152-916-0
Fax: +49-(0)2152-916-111
e-mail: books@teneues.com

Press department: Andrea Rehn
Phone: +49-(0)2152-916-202
e-mail: arehn@teneues.com

teNeues Publishing Company
7 West 18th Street, New York, NY 10011, USA
Phone: +1-212-627-9090
Fax: +1-212-627-9511

teNeues Publishing UK Ltd.
12 Ferndene Road, London SE24 0AQ, UK
Phone: +44-(0)20-3542-8997

teNeues France S.A.R.L.
39, rue des Billets, 18250 Henrichemont, France
Phone: +33-(0)2-4826-9348
Fax: +33-(0)1-7072-3482

www.teneues.com

teNeues Publishing Group
Kempen
Berlin
London
Munich
New York
Paris

teNeues

MIX
Paper from
responsible sources
FSC® C005833